살구나무집

김정희 시집

살구나무집

펴 낸 날 2025년 11월 14일

지 은 이　김정희
펴 낸 이　이기성
기획편집　권희연, 서해주, 최인용
표지디자인　권희연
책임마케팅　이수영, 김정훈
펴 낸 곳　도서출판 생각나눔
출판등록　제 2018-000288호
주　　소　경기도 고양시 덕양구 청초로 66, 덕은리버워크 B동 1708, 1709호
전　　화　02-325-5100
팩　　스　02-325-5101
이 메 일　bookmain@think-book.com

- 책값은 표지 뒷면에 표기되어 있습니다.
  ISBN　979-11-7048-936-8 (03810)

Copyright ⓒ 2025 by 김정희 All rights reserved.

- 이 책은 저작권법에 따라 보호받는 저작물이므로 무단전재와 복제를 금지합니다.
- 잘못된 책은 구입하신 곳에서 바꾸어 드립니다.

살구나무집

김정희 시집

강흥집

생각나눔

시인의 말

시를 쓰면서 나를 들여다보게 되었다
삶에서 세상에서 자연에서 사랑을 배우고 있다

푸른 하늘 해처럼
창가에 서있게 하는 바람처럼
여린 날개에 힘을 돋우고 사슴뿔 같은 지혜를 길러준 부모님과 가족들
어느 날은 물결로 어느 날은 파도로 나를 일깨우는 선생님들
깊은 숲속에 둥지 튼 새들처럼 재재거리며 같이 자라는 친구들
한 지붕 아래에서 형제처럼 정을 나누는 이웃들

함께한 가슴 벅찬 날들
함께 기쁨이 되었으면

2025년 8월
김정희

목 차

시인의 말   4

제1부 새로운 마음에 눈 뜨며   9

몽돌 풍경	10	요술 모자	26
반딧불 투어	12	여 행	28
탐매길	14	다알리아 꽃잎	30
탈 피	16	제주도 여행	31
산새 수행자	18	둥 지	32
바람이 앉았다 가는 길	20	해 질 녘	34
사천진	22	동창 여행	36
운동화	24	줄 서서 먹는 맛집	38
설 악	25		

제2부 고향 냄새   41

살구나무집	42	여 백	58
팔월이 손톱 위를 지나고	44	벚나무 단풍	60
아라리	46	꽃팔찌	62
외 등	49	백합 향기 1	64
한가로이 김치는 익어가고	50	눈 꽃	65
내려다본다는 것은	52	백합 향기 2	66
빈 방	54	냇가에서	68
산 길	55		
마 중	56		
검은 원피스	57		

제3부 자연이 들려주는 소리 69

눈 속을 걸었는데	70	송사리	88
반짝이는 별처럼	72	상수리 나뭇잎에 편지를	90
대나무골 이야기	74	손 님	92
꽃 등	76	스키장	94
십이선녀탕 가는 길	78	홍매화	96
수묵화	80	거북바위	98
폭 우	82	초록 발자국	100
봄 눈	84	봄 나비 떼	102
분홍 발자국	86		

제4부 한 울타리에 피는 꽃 103

멱조산 카페	104	해 후	124
러브스토리	107	테이크 미 홈 컨트리 로드	126
찔 레	108	잡 초	128
모래알	110	첫사랑	130
올드 팝송	112	부 활	132
그가 멀리 떠난대요	114	홍 로	134
새벽안개	116	산고양이	136
챠밍 댄스	118	카드 지갑을 만들며	138
만리포	120	祝 詩	139
봄 날	122		

해 설 - 삶의 원형과 회귀 140

제1부

새로운 마음에 눈 뜨며

몽돌 풍경

정암해변으로 와 보세요

검은 몽돌이 깔린 돌밭으로 파도가 넘쳐흐르면
바닷가는 미역과 소라와 물고기로 시끌시끌 파시가 열려요
파도가 빠르게 빠져나가면
몽돌은 물방울과 함께 구르는 맑은소리가 나지요

수많은 풍경이 울리는 소리

거센 파도를 타고 넘는 갈매기 날개 힘을 돋우고
갯메꽃 마른 모래 속으로 줄기를 뻗어 나팔 불어요

몽돌은 오래도록 파도를 굴러 마음이 동그래요
몽돌을 밟는 발바닥들도 동그래져요
아이들은 무늬 고운 달떡 같은 돌
만져보고 들여다보고 놓아주고 돌아보고

몽돌에 새겨진 바다를 읽어요
뿌연 밀물이 몰려와도 푸르게 품어주는
어두운 밤, 달과 별을 비춰 늘 아침이 오게 하고
감싸주고 품어주는 어머니 마음

우리는 몽돌밭에 앉아 파도가 피워내는 연꽃 소리를 들어요
연잎 사이로 헤엄치는 개구리 소리
배롱나무 간지럽히며 부서지는 햇살의 노래

바닷가에 누워 눈을 감아요
끊어졌다 이어지는 천둥 같은 풍경 소리
마음은 조각조각 부서져 파도를 타고 가요
점점 가벼워져요

크고 작은 몽돌은 밤에도 눈뜨고 자요

반딧불 투어

검은 장막을 드리우듯
하늘과 물의 경계도 옆 사람도 안 보이는
누군가의 손을 맞잡고 싶은 깜깜한 밤
코타키나발루 맹그로브 숲 사이로
숨죽이며 보트를 타고 간다

갑자기 번뜩이는
가이드의 손전등 신호
보트 여행자들이 손 모아 목청껏 부르는
사랑하는 이름들
나비처럼 날다가
맹그로브잎에 앉으면

뱃전으로
날아드는 별빛들
달려오는 불꽃
사랑 찾아오는 반딧불이

머리 위에
손등 위에
내 마음속에

잠깐
반짝이다 날아간다

어른이 될 때까지 먹지도 않고 견디다가
나 여기 있어
노란 깜박 신호를 보내면
살포시 내려앉아
한 보름 살다 떠나는 별들

지나가는 바람 소리에도 귀 기울이고
봉오리 속에 든 눈 녹이며
다시 여름을 기다리는 꽃

잠깐 나누는
우리 이생의 몸짓

탐매길

올해는 천국 가는 새로운 길이 열렸네요

에버랜드 하늘 공원 가는 길, 옷 벗은 검은 나뭇가지만 휑하더니
올해는 보았네요

오르는 길에 구불구불 펼쳐진 홍매화들
모퉁이 돌 때마다 붉은 드레스 입은 소녀들이 한 아름 꽃다발
들고 줄지어 다가오네요
싸아한 꽃향기 산기슭 안개처럼 따라오고
가슴에 담긴 꿈은 부풀어 터질 듯하고

붉은 꽃잎 낭자하게 떨어진 모퉁이에 우뚝 선 히어리 한 그루
노란 꽃술 달린 창 들고 천국으로 가는 길을 지키고 있네요
아무나 못 들어가요

청룡 열차 환호성이 꽃잔디 깔고 튤립 꽃길을 여는 하늘 공원

벚꽃 망울 무수히 달린 나무 아래 어두운 밤에도 불 밝히는
석등의 품 넉넉하고
물가에 비친 자신의 모습에 반해 꽃으로 핀 수선화 무리들
내 눈동자를 넌지시 바라보네요

아직 길은 멀어요

오래된 나뭇가지에 가득 열린 꽃
푸른 하늘 흰 구름 고즈넉한 산들이 엎드려 배경을 만들어 주는
화선지 속 산수화 한 폭

우리는 천국에 며칠만 초대된 영혼
바람이 흔드는 풍경의 맑은소리에
오래 귀 기울이는 홍매화

탈 피

동강 신비한 집
그곳에는 잠자던 나비들이 다시 살아나요

푸른 하늘 아래
연두 잎 사이 햇살이 낸 오색길
바람 따라
꽃잎들 날개에 얹고

순간의 아름다운 날갯짓
영원을 품은
박제된
수백 마리 나비 떼

독 쏘는 뿔과 검은 애벌레로
살아온 호랑나비들

연미복으로 공연 준비 중인 꼬리명주나비
나뭇잎 비치는 모시 적삼 모시나비
밝은 창 유리창 나비
향기로 천국까지 이끄는 사향제비나비

날개 반듯이 펴고
검은 그림자 지니고

새벽 동강이 힘찬 노래 부르면
나비들은 물안개 타고
기암절벽
붉으락푸르락 물드는 숲으로 날아올라요

나는 나비 따라
한 번도 보지 못한 꽃 찾아
처음 듣는 새소리 찾아
청옥산 향기 나는 길로 들어가요

물매화 사이를 날며
오목눈이 목소리
꽃향유같이 맑은
시를 짓겠어요

강물에 달빛으로 흐르던 송어들이 잠들면
구절초에 기대어 꿈을 꾸어요

산새 수행자

그녀는 노래하는 산새 수행자
새벽 산에 오르면 그 목소리를 들을 수 있다

저마다의 숲에서 수행을 하던
전국의 부처가
법주사에 모두 모였다

팔색조들은 다양한 꼬리를 까닥이며
무리 지어 발성연습을 한다

모두 연꽃으로 싱글벙글 웃고

풍경을 흔들고 온 바람은
은행잎 노란 악보를 뒤적이고
걸음을 멈춘 산새들
오색 병풍 두른 거대한 부처의 얼굴을 한없이 우러러본다

가을보다 깊어진 부처님 눈길

산새들이 산사를 무대로 합창을 한다
아리랑과 어렸을 적 부르던 동요들
구경 온 새떼들이 함께 노래하며
참선에 들고

그 소리는
석등을 받치고 있는 한 쌍의 사자 입과 가슴에 스며들고
목어와 운판을 흔들어
깨운다

가만 굽어보시며 짓는 부처님 미소에
산새들의 날갯짓 소리
산사에 가득하다

바람이 앉았다 가는 길

라오스 루앙프라방에서 탁발 체험을 했다
줄지어 오는 스님 발우에 공양드린 기억

스님이 탁발하는 것은 다른 이에게 자비를 베푸는 기회를 주기 위한 것
하루 한 끼만 먹고 수도를 한다는데
스님은 농사를 지으면 죄짓는 거라 하네
풀을 뽑으면 다른 생명을 빼앗는 것이라

새벽 굴참나무 끝에서 파랑새가 재재거린다.
푸른 나뭇잎 속 어미 품에서 자라는 아기 새들
자라서 숲 같은 어미 새를 닮겠지

내가 나눌 때 기쁘듯이
새처럼 나누는 것 달갑게 받겠다

숲 너머 뻐꾸기 우는 소리
남의 둥지에 알을 낳는 잡초라고 눈 흘긴 적 있다

내가 가진 것 네가 가진 것
누구 것도 아닌데
네 것은 네 것이고
내 것이 내 것이라는 뒤웅박 같은 마음

마을이 내려다보이는 산기슭
여기저기 나리꽃이 피었다
바람이 앉았다간 자리
산기슭은 네 것도 내 것도 아니고

너에게 내가 먼저 다가가야지
싫다는 내 생각도 내 것이 아닌데

바람 솔솔 들어가는 꽃밭에 아스타가 한들거린다
비 온 밤, 창 너머 뛰어드는 개구리 소리

사천진

먼바다에서 모여든 돌고래 떼 같은 파도
등지느러미 보이며 헤엄치다 영락대 바위 뒤로 점프하고
뱅글 돌아 첨벙첨벙 바닷속으로 들어간다

갈매기 떼 쉬다 푸르르 날아가는 넓은 모래사장
무수한 백합꽃을 피우고 지우는 파도
찰방찰방 밟으며 우리는 우주로 걸어가요

북두칠성 카시오페이아 사이 우주복 입은 몸을 띄우고
팔다리 휘저으며 뱃놀이하다
블랙홀에 빠져든 우리
알 수 없는 힘이
몸을 빙글빙글 돌렸다 띄웠다가
다시 끌고 가고

우리는 손바닥 간질이는 모래톱 긁으며 거북이처럼 기어가다 멈칫
겨우 눈 치켜뜨고 짭짤한 물 내뿜으며
가벼운 어린이 되어 둥둥 떠간다

흰 구름 수평선까지 안고 카이트서핑 달리는 사람들
문득 바다에 빠지면
푸른 하늘에 떠가는 힘찬 구름 팔뚝 잡고
보드 위로 플라잉 하고

먼 나라 해변에서 사천진 해변으로 밀려온
별들이 지고 해가 다시 떠오를 때까지
지치지도 않는 버스킹
파도 소리 솔바람 소리

온 세상은 푸른 꿈나라를 향해 출렁인다

운동화

바라나시 가는 길
소들과 함께
걸었던 운동화

깨끗이 빨았는데
소똥 하나
먼지 하나
묻은 게 없다

갠지스강 입구
길 양쪽에 앉아서
제 몸 태울 장작을 구걸하는 사람들
전생에서 만난 것 같은
뼈만 앙상한 눈동자들

타르 사막으로 가는 기차 속에서
알 수 없는 감정 밀려와
혼자 숨죽이며 울었던

나처럼

가볍다

설 악

설악동에 내리면 낙엽 타는 냄새가 난다
대청봉부터 비선대까지 들이찬 나뭇잎들
이 가을 모두 타나 보다

아득한
안개 낀 울산바위
수묵화 같은 토왕성 폭포

신흥사 계곡 맑은 물에
느리게
단풍잎 하나 떠내려간다

외옹치 바다향기路
파도는 발길 따라 가슴을 적시며 떠나고
기암 틈새에서 잘 가라 손 흔드는 쑥부쟁이

홍천 은행나무 숲에서 노랗게 물들고
산허리 단풍 휘어잡고 붉게 불붙었다

내린천 흐르는 차창 밖에
내 마음 모두 내려놓고 왔다

나 대신
산이
타오르고 있겠지

요술 모자

선물을 받으러 놀이동산에 간 곰

산타 마을에서 만난 퍼레이드
흥겨운 캐럴송이 기다리는 사람들 가슴에 북을 치고
재주를 넘는 뚱뚱한 광대들
엉덩이 들썩거리며 온몸 흔드는 아빠 등목 탄 아기들
대형 아이스크림에서 쏟아지는 눈보라
와아 터져 나오는 함성
황금 사슴이 이끄는 하늘을 나는 마차
커다란 케이크와 선물 꾸러미에 꽂힌 사탕 지팡이
투명 공 속의 트리 복장 아이들이 발을 구르고
신비한 음악 따라 도는 북극 왕비들의 우아한 춤사위

메리 크리스마스!
우렁찬 산타 할아버지 목소리

사람들과 함께 손뼉 치며 노래하는 산타 모자 쓴 곰
둥둥 발은 공중에 떠오르고
오색 무지개 리프트 타고 오르내려요

흰 눈송이 같은 아기 눈망울 먼 하늘의 별인 듯
무심하게 앉아 있던 곰
아가들이 다가와 쿡 찌르고 도망가요

산타 모자가 부린 요술
곰은 순식간에 정다운 산타 할아버지 되어
아이들과 눈 맞추며 먹는 추로스

오르락내리락 모자 방울 흔들며 회전목마를 타고
엘리스의 모험 공연 속으로 들어가요

산타의 선물 보따리가 쏟아지고
오색으로 빛나는 기린 등을 타고 웃음꽃으로 바뀌는 아이들

남색으로 더 맑아진 밤하늘
갑자기 사방이 어두워지고 별이 빛나는 순간
연속으로 쏘아 올리는 불꽃
처음 보았던 푸른 하늘 사이 빨간 단풍잎들
다시 터지고 타오르고

여 행

새벽 창을 열자 백로들이 소나무 가득 앉아 있네요

땅이 꺼질까
비행기가 떨어질까
밤샘 걱정이 검은 곰 되어 어슬렁거려요
어두운 밀림 길을 헤매다가
허방다리에 빠져 절룩거리며 빙빙 도는 발자국 소리

새벽 어스름에 잠이 깨자 검은 곰은 백로로 변신했네요
날개 위에 여행 가방 하나씩 얹고 있네요

밤하늘에 은하수 흐르고
에델바이스 몇 송이 뒤로 보이는
중국의 위룽쉐 옥룡설산 위로
맑은 공기 속을 나래 펴고 날아다녀요

빙벽에서 몸속까지 내리쏟는 폭포를 맞으며
빙하 호수에 담긴 투명한 마음으로
나시족의 해맑은 웃음을 안아 보아요

샹그릴라 고성에 가서
마니차를 여섯 바퀴 돌리며
병마도 노쇠도 없는 평화만 있는 환생을 빌고

평온한 마음을 찾으려는 세상의 이치를 알아보겠어요

가볍게 날개 펴고 떠나요
모든 생각 문득 접고
나만을 바라보고 싶어요

간장 종지 같은 마음 위에
백로의 깃털 하나 얹어 올래요

다알리아 꽃잎

인도 신전* 뜰

주황 노랑 빨강
언니 얼굴

이슬 헤치며 풀 뽑는
맨발 여인들의
여린 손가락

거리마다
한 겹 담요로 밤 지새운
아기 안고 우유 외치는
엄마의 입술

가슴에서

매일

피는

꽃

---

* 신전, 인도 카주라호 사원군

제주도 여행

비 오는 날 찾아간 카멜리아힐

동백꽃이 꽃등처럼 환한 길
비닐우산 쓰고 걷노라면 꽃다발이 선물처럼 다가오고
길마다 새로운 세상을 여는 오색 꽃 무리
까르르 웃는 여인들의 미소
빗방울 방울마다 반짝반짝 흔들린다

분홍바늘꽃 속 아름다운 기억의 집 만들어 주려는
여기 서 봐요
사진 찍어주는 사람이 더 행복하고
손을 턱에 괴는 순간 모두 꽃으로 핀다

갈대 휘날리는 가을의 정원
갈대 따라 푸른 하늘 향해 환호하며
구름같이 피어오르는 핑크뮬리 안고 하늘 둥둥 떠간다

지인들의 축복 속에서 탄생 한 신혼부부

하얀 면사포 쓰고 평생 사랑하겠다며 맹세한다
이제부터 피어나는 동백꽃 나무
제주도 깊이 뿌리내리고 풍성한 꽃길 이루기를

둥 지

금오산 자락
기와 조각 반짝이는 커다란 조개껍질 모양 카페
새집 같은 이층 창문에 사람들이 조롱조롱 들었다

마른 풀잎 깔린 의자에 둥지 찾은 다리가 쉰다
옹기종기 모여 달디단
남의 속사정을 쪼아 먹다가 제 가슴의 이야기를 꺼낸다
가끔 서로의 부리를 쪼아 쿠키 부스러기 나누다가
빈 커피잔에 맹물 한 모금 부어 꿀꺽, 하늘 한번 쳐다보고

하루 종일 새끼를 찾아다니던 뻐꾸기 이야기
단단한 나무에 머리 찧어 큰 벌레를 횡재한 딱따구리
낙엽송 새 연두 잎처럼 이야기 출렁거리는데

차츰 새소리 잦아지고 텅 빈 허공에
혼자 남는 듯 조용해진 세상

문득 큰 창으로 보이는 금오산
와불산 능선 부처의 이마와 입매를 더듬어본다

산세에 안겨 수없이 절하고 기원하던 소망
초파일 오색등에 매달렸다가 폭포 따라 부서져 흐르며
키운 짙푸른 숲길

총 총 걸어온 발자국을 잠시 잊는다

푹신하던 풀들이 딱딱하게 배기기 시작하면
사람들은 다른 새장을 찾아 푸드덕푸드덕 날아 내려온다

세월을 두루 여행한 나이 지긋한 트럼펫 버스킹이
오가는 사람들 가슴에 물결치는 금오저수지 둘레길

흰 철쭉 붉은 철쭉이 푸른 물방울 되어 떨어지는 소리
내일을 모르는 하루살이가 눈앞에 어른거리고

저녁놀이 뭄속에 들어
조용히 눈 뜨고 잠든 물고기들을 품어준다

키 큰 소나무 달 밝은 길 따라오던 소쩍새 울음소리
밤새도록 피를 토한다

어디에 있고
어디에도 없는
새로운 둥지

해 질 녘

얼음 풀린 홍예호수공원
해 질 녘까지 거닐었다

빨강 녹색 파랑 주황
소나무와 바위틈에서 미소처럼 빛나는 네온 불빛들
갈대숲에도 숨어 있었다
연둣빛 부들 같은 네온
여기저기에서 속삭이고

어느새 섬 위에 내려앉은 초승달
오늘 밤
아름다운 이가 달빛에 미끄럼 타며 노래 부르겠지

해 질 녘에만 보이는 오늘
처음 본 것들

생기 넘치는 백제금동향로 탑에 홀려 있는 동안
해는 기다리다 지쳐 서산에 턱을 괴고
만날 수 없는 아쉬움에 호수는 천천히 눈을 감고
청둥오리들
호숫가에 올라 지친 깃털을 턴다

집으로 돌아가는 길
소리 내 따라오는 도랑물 소리

조용히
눈 마주친 호수

해질녘에야 이르러
처음 알게 된 그 마음

동창 여행

영주 무섬마을 외나무다리
칠순을 넘은 친구들과 함께 걸으니
다가오는 노년이 두렵지 않다

흔들리는 허공에 한 발 한 발 내디뎌
포항 스페이스워크 둥근 링 위에 올라섰다

푸른 하늘 속에
새가 된 듯
내가 비워지고
이내 다시 채워진다

솟구치는 파도
우렁찬 포말, 부서지는 소리 뚫고 달리는
죽변 해양 레일 캡슐

내 몸
푸른 바다가 되어
물고기들이 들어와 헤엄친다

온몸 날아갈 것 같이
흔들어 놓는

폭풍 속으로* 죽변 드라마 촬영지

어떤 어려움도 이겨낸
드라마 같은
친구들 이야기를 듣는다

기와집과 초가들이 언덕을 따라 정다운
경주 양동마을

붉은 감나무 가지에 조롱조롱
우정을 매달고
내년 여행을 기다린다

---

* 폭풍 속으로, SBS 드라마

줄 서서 먹는 맛집

고속버스터미널 대합실에
점점 길어진 줄
솜씨 좋은 쉐프가 맛을 내나 보다

이 맛집은 요리사도
주방 기구도 필요 없다는

이 음식을 받아 들고
일주일간 행복하다는

꿈을 사 먹는 사람들
줄은 계속 길어지고
버스 시간이 평온한 눈을 한번 쓸어주고 갈 뿐
전혀 지루하지 않은 눈치다

누군가는 이 가게를 운영하면서
자신이 파는 음식을 몽땅 혼자 먹고
배탈이 났고
가게를 날려 보냈다고 한다

큰 집을 살까
새 차를 뽑을까
썬크루즈 여행을 갈까

불꽃을 하늘 높이 쏘아 올려
하늘을 둥둥 나는
열기구를 타면서

장난감처럼 변한 도시
속 시끄러운 세상을
발아래로 즐기면서

일주일 후에
땅으로
풀썩
내려올 수 있다는 생각을 아무도 눈치채지 못하지

한 주일 열심히 일하고
집으로 돌아가는 가장들의
지친 가슴을
난로처럼 안아주는

종이에 적힌 긴 숫자들은
가장 감동적인 한 편의 시다

제2부

고향 냄새

살구나무집

살구나무 꽃분홍 마당에 환하게 등불 켜지던 우리의 궁전이 있었어요

뱀처럼 구부러진 원목으로 서까래 올리고 부엌문 만든 초가집
통나무 그대로인 내소사 요사채를 들여다볼 때마다 생각나던

볏짚 썰어 뭉친 진흙에 돌멩이 놓으며 흙담 쌓던 날
무거운 돌 하나하나에 담이 높아갈 때마다 봄 햇살이 들어와 안기는 마당

머리 하얀 외할머니 앉아 졸던
창호지 휘파람 부는 방문 앞에 마루를 놓아요
나무를 자르고 널빤지에 못 박는 소리로 그 여름이 짱짱했지요
대관령에서 참나무골 지나온 바람이
흙바닥 아닌 마루에 누워 책 보는 머리를 시원하게 쓸고 가고
밑에 넣어둔 신발은 비를 피했지요
새 마루는 마치 궁궐 정자 같았어요

나무 대문이 달리고는 더 아늑해진 마당
멍석에 누워 별을 세다
알싸한 모깃불 쑥 향에 잠들곤 했지요

텃밭에는 당근이 저보다 붉은 흙을 밀어 올리고
달큼한 그 맛, 지금도 밥상머리에 남아 향기로워요

초가집 둘레 가득 과일나무를 심은 아버지
정월 대보름 새벽에는 장대로 살구나무를 두드리며 새 쫓던 형제들
훠이 훠이 우리 밭에 들지 말아라
허리 두드리는 소리에 살구나무는 꽃 필 준비를 하지요

집 앞을 지키고 있는 참살구나무 한 그루, 개살구나무 한 그루,
분홍 꽃 피면 윙윙 벌들이 찾아와요
누렇게 살구가 익기 시작하면 우린 나무 위에서 한철을 살았지요

이사하던 날 아침
마당가 살구나무 두 그루, 허리가 부러진 채 누워있었어요
정든 살구나무집 그만 잊으라고

그 살구나무가 올봄에도 울 아파트 정원에 흰 눈꽃으로 고향 집을 짓네요

팔월이 손톱 위를 지나고

잎 푸른 갈참나무 속에 숨어
소나기 뿌리던 매미들의 합창
이중창으로 바뀌고 있다

언제나 푸르던
아로니아 가지 위에
한 잎 두 잎 붉은 노을이
머물러 있다

상하이, 상하이 트위스트 추면서
나팔바지 펄럭이며
머리 흔들던 친구들의 노래가
맴맴맴 맴을 돈다

밀려오는 파도 기다리다
우리가 파도 되어
솟구치고 부서지고 밀려나 뒹굴고
모래밭에 만든 두꺼비집
멀리 수평선 너머로 쓸어가던

달궈진 팔월 한줄기 소나기 다녀가고
문득 팔을 감는 바람
당신이 떠난다는 말을 감추고

밤새 손톱에 올린 봉숭아 물이
하얀 반달에 밀려난다

귀뚜라미도 잠든
깜깜한 밤
시간은 발자국 소리도 없이
가만가만
서쪽으로 가고

흰 창호지 위에 국화잎 피고
검은 가마솥에 소여물 끓던 소리
당신이 심은 자두나무 쑥쑥 자라고
안개 낀 고향 집 지붕 둥근 박 위로
말간 가을이 흐른다

아라리

아라아리 아리아리 아라리오 아라리 고개로 넘어간다[*]
봄바람이 불어오면 들에는 강릉 모심는 소리 자진아라리[**]가 불처럼 번져요

아버지는 일찍 바다 같은 논으로 나가요
맨발로 논에 들어서서 찰방찰방 잘 풀렸나 발성 연습을 해요

오빠들은 오선 같은 못줄 둘둘 말아서 메고 가요

동네 아저씨들 모두 모여 모판에 찐 못단 논에 던져 놓아요
북소리처럼 첨벙첨벙 물결로 번져요

심어주게 심어주게 원앙의 줄모를 심어주게[***]
선소리꾼 아버지의 선창에 이어 농군들의 자진아라리가 상모 돌아가듯 논을 휘감아요
오빠들이 잡은 못줄을 옮기면 논에는 푸른 돛단배들이 줄 서서 출항을 해요
푸른 꿈 하늘 높이 펼쳐요
어깨 춤추며 바다를 메워요
어머니는 못밥을 지어요

---

[*] 자진아라리 가사.
[**] 자진아라리, 강릉 모심는 소리. 강릉지방에서 모판에 찐 모를 논에 심을 때 부르는 농요.
[***] 자진아라리 가사.

가마솥에 지은 흰쌀밥 위 삶은 팥을 얹고 커다란 나무 주걱으로
휘휘 섞어요

화로 숯불에 칙칙 꽁치를 굽고 어제 만든 두부는 파 송송 올려
빨갛게 지져요
아랫목에 이불 쓰고 여러 날 끙끙 앓은 청국장 텃밭에서 달려온
호박 파 동동 떠 있어요
어머니는 함지박에 담은 점심을 따리 얹은 머리에 이고 가요
달그락달그락 그릇들이 노래해요

우리는 단발머리 흥얼거리며 막걸리 주전자를 들고 가요
주전자에서 뿌연 막걸리 걸을 때마다 촐랑촐랑 따라 걸어요

산그늘에 둥그렇게 앉아 쉬면 봄바람이 옷자락 흔들다 가고
무겁던 팔다리 눈 녹듯 스르르 나아요

농군들은 옹달샘에 엎드려 나뭇잎 푸푸 불어 샘물을 벌컥벌컥
들이켜고는
풀밭에 누워 한숨씩 주무시지요
내 몸에 송사리 떼 노는 시냇물 흐르는 소리 들려요

빈 그릇 달각거리는 소리 들으며 집으로 돌아오는 길
하얀 아까시꽃 베어 물고 와요

우리의 아라리는 내일도 모레도 계속될 거예요
그물에서 고기 털듯이 벼가 후드득후드득 탈곡기에서 떨어지는
날까지

외 등

새벽 출근길마다
베란다 불 켜고
한 참 지켜보시던
어머니

엄마 얼굴
잘 보이라고
켜신 줄 알았다

어
머
니

한가로이 김치는 익어가고

열무 얼갈이김치는 한가로이 익어가고
거품 퐁 퐁
올라오는 소리

가둔지펜션에서 바닷바람 품은 솔향으로 자란 고추
천안 새벽이슬에 비친 노루 눈망울 보며 익은 마늘
제천 과수원에서 갓 깨어난 병아리 소리가 기른 사과
잘게 갈아져 서로 지극한 마음들을 섞는다

여린 열무와 얼갈이를 서로 간섭하지 않을 만큼씩 잘라
연한 소금물에 푹 담가 자기가 최고인 줄 아는 성미를 조금 죽이고
소금과 한 몸 되어 곰삭은 동굴 멸치액젓은 아주 조금만
여럿이 둘러앉아 웃음으로 옷을 벗겨 찧은 마늘은 듬뿍
밀가루 휘휘 저은 풀물은 팔팔 끓는 물에 휘파람 몇 번 불도록
두었다가 찬물에 담가 화를 식히고

여러 번 맛보며 간을 맞춘 양념은
창밖에서 들어온 산바람과 어울려
연한 얼갈이배추와 열무 사이를 오르내리며

서로 안기고
서로 돌봐주며
익어가지요

열린 마음으로 나와 다른 생각을 가진 이들을 품고
순박하게
붉으나 투명하게
시원하나 온화하게
아삭하나 오래 가슴속에 머무는

손이 안 닿는 어두운 항아리에 얼굴을 넣고 칼로 콕 찍어야 나오는
목을 젖히고 베어 먹던 살얼음 낀 온새미로 총각김치
어머니 손맛처럼

김치는 한가로이 익어가고

내려다본다는 것은

발락고개* 넘어가는 길

선지 사러 가던 길

산으로 나무하러 간 어머니
혼자 기다리던

고개 꼭대기에 있던 무선국 사라지고
사방이 탁 트인 카페 쎄로
고향 집이 있던 동네 내려다보이고
불빛 반짝이는 낯선 집들
낯설지 않다

내려다본다는 것은
뒤돌아본다는 것은
비운다는 것

비운 물동이에 저절로 차는 찰랑이는 맑은 물

---

* 강원도 강릉시 홍제동에 있는 지명. 용이 다쳐서 고개를 넘어가는데 숨이 발락발락거리며 넘어가서 죽일에 가서 죽었다는 전설. 고개 넘어 도살장과 공동묘지 있었음.

소리 내어 흐르는 남대천
찰방찰방 멱 감던 단발머리들

건조한 벌판 차가운 눈발 밑에서도 단아하고 수수하게 자라는
패랭이꽃
어머니가 안아주듯 몸과 마음에 약이 되는 구절초
여름 무더위를 식혀주는 상큼한 황금 부처꽃 금불초
너른 바다를 향해 서로 기대며
줄기부터 뻗고 모래 틈에 뿌리내리는 보랏빛 순비기나무꽃

남산 솔바람이 드나드는 단오 터
밤새 이어지는 이야기
더 맑아진 몸과 마음

별 총총 빛나는 하늘에
마음을 밝히는 불꽃이 밤새 터진다

빈 방

철컥철컥 가위소리가 들린다
단발머리는 방문을 열어젖히고 마당으로 나선다

참빗처럼 햇살 들이치는 낮은 마루 밑으로 디민 얼굴
거미줄이 머리카락을 잡는다
눈을 감고 더듬는 손
마루 밑은 오래된 친구들이 손을 내민다
마른 나뭇가지, 부러진 지팡이, 몽당 싸리비

같이 뛰놀다 찢어진 검정 고무신은
붉은 흙덩이 빻아 칼국수 밀던
만질만질한 빈 병은 어디에도 없다

헛간 구석으로 내닫는다
오랫동안 흙 속에 묻혔던 별과 달들을 찾았다
계수나무가 박힌 가느다란 초승달 호미를 찾는 순간
큰 나무의 우뚝 선 정강이 힘줄이 떠올라
잡았다가 그만 놓았다
발걸음 총총 달리는 단발머리는
뒤꼍 우물가로 숨이 가쁘다

가위소리는 멀어지고
구멍 숭숭 뚫린 엿가락은 구름 따라 자꾸 멀어져 간다

마당에 내려놓은 한숨을 엿장수*는 가져가지 않았다

---

* 저자의 초등 4학년 때 교내대회 입상 동시 제목

산 길

외출하기 전날
가방을 모두 챙겨 놓고 잔다

어렸을 때는 혼자 잘 챙긴 가방

어머니가 심심해지고부터 내 가방 싸는 것은
어머니 소일거리

핸드백은 아침마다 목욕한다
반질반질 얼굴에 로션도 바르고
먼지 한 톨까지 쫓겨나고
루즈 콤팩트 볼펜 칫솔 손수건 휴지 지갑이 들어간다

현관에서 백 들고 기다리시는 어머니

다녀오겠습니다

조심해라

어머니 목소리를 담고
산길 조심조심 내려간다

마 중

새벽 산에 오르다
아버지가 솔잎을 온 산에 뿌려 놓았다

걸음마다 폭신폭신 밟히는
상큼한 아버지 냄새를 가슴 가득 들이킨다

나무하러 가신 아버지를 해가 지도록 기다리던 오솔길
다른 길로 가셨을까 안절부절못하던 그 길
햇살처럼 환하게 나타나곤 하던 아버지

무거운 나뭇짐 중 작은 토막 하나 받아들었을 뿐인데
세상을 구한 장수처럼 마음은 하늘로 날아오르고
손오공 축지법이 붙은 발걸음
활짝 웃는 초가집

오래전에 쓰러진 소나무가 여기저기 누워있다

산 가득 땔감은 널려있는데
이제 마중할 나무는 없다

나는 누군가에게 마중하는 기쁨을 얼마나 주었을까
내게는 마중하는 기쁨을 줄 일이 얼마나 남았을까

바람이 분다
숲을 가득 덮은 키 큰 소나무들이 나뭇가지 흔들어
우수수 솔잎을 뿌려준다

검은 원피스

검은 원피스가 동백호수공원을 지나 나들이 간다
뛰어올랐다 들어가는 잉어의
철썩이는 숨소리 들으며

오래 정들었던 그이를 떠나보낼 때 나에게 온 원피스
허리 잘록하고 목 언저리 모습 예뻤던

오늘, 많은 이들의 이별을 위로하러
내 곁을 떠났다

달처럼 맑은 이들과 별나라를 여행할 그녀
예쁜 발로 마음 아픈 곳 어디나 총총 걸어가서
넓은 치맛자락으로 품어주렴

호수 건너 상구머리 그이가 지나간다

생각은 그저 올라왔다가 사라질 뿐이야
그냥 지나가게 두자

석성산 넘어
상수리 나뭇잎 사이로 떠오르는 햇살
싸리나무꽃 산딸나무 열매 붉어가고

삐걱거리는 허리 돌리기 기구 가운데
그물치고 기다리는 흰다리거미
어제 모습 그대로다

여백

소나무 가지에 살포시 내려앉던 눈은
내가 받쳐 든 살아 움직이는 영혼이었다

햇살 가득 온 세상에 웃음 보내고
흰 가루 흩날리는 박새 소리 속에서
그리운 얼굴을 만났던 작년 첫눈

올해 첫눈은 폭설로 나뭇가지마다 북극곰이 엎드려 있다
회색 하늘은 내려와 짓누르고
마음대로 몸을 가누지 못하는
나무줄기는 부러져 뿌리째 넘어지고

눈물을 가득 품은 눈송이
주렁주렁 무겁게 얼어 있다
자유롭게 날아다니던 경쾌한 휘파람 소리
이제 들리지 않는다

학처럼 잠시 쉬었다 하늘로 날아갈 것 같은
피었다가 점점 시드는 눈꽃송이들

사라지는 영혼은
눈과 귀에 보이지 않고 들리지 않고
다음 생으로 옮겨 간다고들 하지만

어느새 가벼워진
단풍나무
눈을 녹이고 피어난
영혼이 선명하다

벚나무 단풍

별이 빛나는 남색 하늘
가로등 아래
더욱 빛나는 그 들

런던이 내려다보이는 언덕에서
하늘 향해 팔 벌리고 활짝 웃던
주황 테 있는 영국 밀짚모자
노란 모직 재킷
그들을 몇 장 주워 온다

남대천에서 자맥질하는
단발머리 웃음소리
벚꽃잎 빗물에 떠내려 보내는
하얀 칼라 교복

수많은 나날
높은 하늘의 별이 되어 멀리 빛나는데

오래 만지고 싶은
촉촉한 감촉
손가락 끝에 머물고

온몸은
벗나무 잎맥 따라
감색으로 물든다

천둥소리 내며 솟는 높은 파도
밀려오고 밀려가고
내일은 아무도 모른다
밤새 되뇌는데

앙상한 나뭇가지에 달린
단풍 몇 잎
고향의 소 울음소리 가득 싣고
부드러운 풀숲으로 날아들어
발밑을 따스하게 감싸며

오래오래
머무르다

내년 봄
벗꽃으로 하얗게
다시 피어 날
너

꽃팔찌

어릴 적 친구들의 팔에
빨간 찔레꽃 노란 백일홍
흰 도라지꽃 분홍 봉숭아꽃이 피었다

빨간 가죽으로 만든 꽃팔찌

마숩다*
공기놀이하던 손목에 같은 꽃을 두르고
옥수수를 돌려먹고

까르르
손목 간지럼 태우러 커다란 꽃들이 달려온다
온몸 감았다가 도망가는 커다란 파도
파도에 밀려 데굴데굴 구르는 팽이들

즐겁게 춤을 추다가 그대로 멈춰라
모래에 이름 써 놓고 엎드려 발장구치고
등 뒤로 머리 위로 하얀 이불로 덮치는 파도

철썩,
어이쿠
푸른 파도와 하얀 우리는 합창을 한다

---

* 맛있다의 강릉 사투리

아픈 다리
불면증
외로움

파도 푸른 꽃이 다 가져가고
우리는 젖지 않는 오색 꽃팔찌를 팔 가득 감고 온다

백합 향기 1

백합 향기가 흐른다
꽃밭 주변 온 동네에 안개처럼 퍼진다

모두가 잠든 새벽
깊은 우물물 길어 올려
수없이 손 모아 빌던
쪽진 어머니 뒷모습

꽃 가까이 얼굴 맞대고
향기 진한
어머님 당부를 가슴 깊숙이 들이킨다

오랜 장마 뜨거운 햇볕에도
싱싱한 푸른 피 돌다가

흰부리노랑제비 부리처럼 나오는 새 백합 봉오리
조금씩 날개 펴며
더 익어가는 나를 기다린다

송글송글 꽃잎에 열린 이슬에
젖었던 마음 맺혀
햇살 따라 부서지는 무지갯빛

마음이 꽃잎처럼 투명해진다
아침 햇살에 반짝인다

눈 꽃

가끔 만나고 헤어지면
금방 또 보고 싶은 구순이 넘은 눈꽃

처음 같이 지내는 열흘 남짓
마주 보는 얼굴 매화처럼 예쁘고
끊임없이 주고받는 어릴 적 이야기
온몸 가득 기쁨 방울 부풀고
부딪혀 노래하고 춤추고

시간을 엿가락처럼 늘릴 수 있다면
마디마디 핀 웃음꽃
눈꽃으로 얼려놓아
훗날 다시 꺼내볼 수 있을 텐데

혼자 계시는 지금
전화로 들리는 카랑카랑한 목소리

잠깐 동안
눈바람 불지 않는 숲속이 된다
언제 사라질지 모를
소나무 가지가 받쳐 들고 있는 눈꽃

백합 향기 2

나들이에 입히려고 밤새 풀 먹여 다듬이질한 모시 적삼
하얀 꽃잎
나도 그 꽃잎에 들어가 다듬이질해요

세상은 다듬이질 소리로 가득해요

꾸룩꾸룩 어미 품 찾는 딱새 소리
쌔근쌔근 엄마 젖가슴 잡고 어스름 늦잠에 든 아기 숨소리

스르륵스르륵 하늘에 펼쳐진 모시 치맛자락 흔드는 달빛 소리
흔들리는 나무 그림자가 엉겅퀴 잎에 서걱서걱 스치는 소리

웅덩이에 모여 합창하는 개구리
부추꽃에 앉아 밤새 베 짜는 베짱이

외할머니와 아버지 학 날개 같은 모시옷 차려입고 건너가는 단오 터
돌다리 개울물 소리

해마다 열리는 강릉단오제[*]
강릉 시민의 안녕과 풍요를 축원하는 단오굿 소리

---

* 강릉단오제, 음력 5월5일 단오를 기념하는 전통축제, 유교식 제의와 무당
 굿, 가면극, 민속놀이 등이 어우러진 종합 문화 행사, 국가무형문화재
 제13호, 2005년 유네스코 인류 문화유산 등재

할머니 발걸음 바빠지고
엿장수의 품바타령에 어깨춤 절로 나요

뱀 장수의 걸찐 만담 쏟아지는 웃음소리
농악 놀이패 퉁소 소리 북소리 꽹과리 소리
상모 돌아가며 온 동네가 들썩들썩

남대천 자갈밭에서
달리기 하는 우리들 발자국 소리

냇가에서

갈대 사이에서 번쩍,
돌 위를 구르며 튀어 오르는 냇물 소리

송사리 반짝이며 지나가는 사이로 발 담그고
낚시찌 바라보는 아우들

자갈이 양보한 자리
검은 흙이 기른 솜털 올라오는 어린 쑥
잘라 다듬었네

버드나무 그늘 찾아
쑥 올라오는 곳 따라
여기저기 옮겨 드린
어머니 돗자리

손 뻗어
쑥 캐시던
햇살 같은
어머니

우리는 봄날 풀밭에

꽃다지
애기똥풀
월동초꽃
노랑나비

제3부

자연이 들려주는 소리

눈 속을 걸었는데

호수 공원에 눈바람 몰아치는 높은 산이 생겼다
모퉁이를 돌 때마다 눈꽃 나무들
그 투명한 나라에 들어섰다

칼바람은 모자 속을 파고들어 세차게 귀를 때리고
날리는 목도리 묶고 묶어도 벗기려 한다
눈바람은 앞을 가리고 길을 지우고
발밑은 허공이다
이 높은 산에 나 혼자 남겨져 가도 가도 헤어날 수 없을 것 같다

아무도 밟지 않은 맑은 눈 위를
나만의 색깔
나만의 곡선 만들며 걸어간다
뽀드득뽀드득
발자국 소리 들으며
앞으로 간다

뒤돌아보지 않는다

산책길 의자 회양목 수양버드나무
너른 호수를 덮은 눈
재두루미 오리 잉어들이 보이질 않는다

호수 산책로를 달리던 젊은이도
운동기구 돌리던 노인들도 없다

아침마다 크게 지저귀던 직박구리
각자 다른 나뭇가지에서 몸을 턴다

눈은
나를 지나가고
나를 가득 채우고
눈썹 위에
어깨 위에
가볍지도 무겁지도 않게 올라앉아

그냥
같이 걷는다

따뜻한 현관에 들어왔는데
눈은 벌써 가고 없다

젖지도 않았다
생각도 없다

나에게로 온 것이 없다
나에게서 간 것도 없다
나를 비추었던 거울만 있었을까

반짝이는 별처럼

올레길 정상에 옹기종기 모여 앉아
서로 쳐다 만 봐도 웃음 나오는 친구들

눈이 부시도록 파란 제주 바다
별처럼, 많은 가슴 속 이야기 꺼내
현무암 돌담 구멍 사이로 날리고 파도 소리에 씻는다

친구가 부채에 써 준
좋아하는 시가
귓가에서 속삭인다
치마를 펼치며 속삭인다
단아한 목소리로 푸르게 출렁거린다

작아져라
넓어져라
벗어라

덧버선 하루에 한 짝씩 뜨고
하루에 한 수씩 시를 써가며
무언가 안겨주고 싶은
그냥 주고 싶은

금방 만났는데도 또 보고 싶은
매일 가고 싶은 솔숲
같은 길을 바라보고
하고 싶은 일 즐기며
오늘을 걷는
친구들

조금씩 바다가 되어가고
조금씩 하늘이 되어간다

대나무골 이야기

여기는 언제나 봄이다

사시사철 파도 소리 서걱거리는 댓잎 속에서
두터운 땅을 뚫고 나오는 죽순
마디마디 향을 담고 장대만큼 곧게 자라

지지 않는 꽃을 피우려고
서로를 키우는 숲

두레반에 둘러앉은 친구들
매일 새로 태어나는 상큼한 연근
거친 파도에 구멍 숭숭 뚫린 다시마
둥근 호박 업어 기르다 온 호박잎
장독대 햇볕에 발그레 익은 된장
입안 가득 매운맛 터지는 고추
불을 이겨낸 구수한 황태

수많은 새 들이 옹기종기 모여
알을 낳고 새끼를 키우는 보금자리
밤잠 안 자고
맛난 먹이 물어다 나르는
어미가 있다

바람 부는 하늘을 날아다니다
피곤한 날개
사르르 녹여주는
따스한 품속

다 자란 새는
다시 어린 새가 돼 돌아오는 곳

푸른 텃밭 종달새 오르내리고
종일 타오르는 가마솥 불꽃
구름처럼 모여드는 사람들이 있다

꽃 등

키 큰 장비를 메고 전쟁하러 간다

비가 잔잔히 오는 화단
비옷 입고 엎드리면
머릿속은 마림바 소리 가득하고
물을 머금은 부드러운 흙 속에
장대 호미 깊이 찌르고
풀뿌리 움켜쥐어
힘껏 당긴다

여기저기 엉겨 붙었던 바랭이 긴 줄기
비명 같은 풀냄새 끌어내고
가지마다 감고 오른 돌콩 허리 끊어내니
뱀이 기어다닐 것 같던
봉숭아꽃들의 발밑이 훤히 보인다

엎드렸다 앉았다 일어섰다
어느새 비는 멎고
지나는 구름 한 자락 허리에 감아
하늘 멀리 날려 보내고

뿌리와 뿌리 사이 비집고 들어온 제비꽃 싹
뽑아내고 털어낸다

하나의 생을 위해 다른 생을 덮는 일

오롯이 남은
분홍 플록스
큰 숨 들이켜고
온몸 간지럽히며 바람이 지나고

풀이 점령한 폐가 같던
꽃들이 사는 마을에
한 집 두 집
꽃등이 켜진다

어디선가
나타난
호랑나비들
팔랑팔랑 날아다니며 꿀을 빤다

십이선녀탕 가는 길

너른 바위 사이 계곡을 내달리는 맑은 물줄기
물속 자갈 속에 숨은 산천어
물들기 시작한 젊은 상수리나무 그늘 속으로
천둥소리 밟으며 간다

새벽이슬 달린 고사리
푸른 입술 파르르 떠는 투구꽃
오솔길 폭신한 낙엽 위에 떨어진 다래 몇 알
새콤한 맛
머릿속은 연둣빛으로 물들고

쉼 없이 떨어지는 폭포
온몸으로 받들다 속 깊게 파인 바위

눈바람 부는 날
꽝꽝 얼었던 고드름 따뜻하게 보듬어주다
슬며시 흘려보내고

목마른 가뭄 머금었다
홍수 때면 말없이 놓아주고
가진 것만큼 나누어 주며
돌돌 노래한다

푸르고 깊은 선녀탕에 떠 있는 노란 단풍잎

그 물속에 들어가 앉고 싶다

오늘은,
내 속 훤히 들여다보여도 좋다

수묵화

봄을 시샘하는 칼바람 자주 불어
오래 발걸음 주춤거리는 벚꽃 망울

갈잎 덮인 산등성이
여기저기 피어난 진달래
오래 소식 없던 친구가 내 이름 부르고 있네

벚꽃 그림자 일렁이는 우이천변 손잡고 걷고
김밥 싸 어린이대공원 소풍 가고
꽃비 맞으며 호암미술관 벚꽃 터널 거닐자던 약속
환한 기다림
장독대에 눈 내리듯 사락사락 쌓이는데

쳐다보아도
지켜보아도
벚꽃 망울은 청대콩처럼 푸르고 단단하다

피어나는 목련 꽃잎 입김 보낼까
활짝 핀 산수유 드나드는 벌들을 보내볼까
봄 처녀 제 오시네 블루투스 이어폰으로 들려줄까

봄을 타는 사람은 꽃보다 님을 기다린다는데
꽃도 님도 기다리는 나를
봄은 왜 이리도 애태우는지

매화나무 굵은 가지에 드문드문 핀 청매화
푸른 하늘에 수묵화로 향기를 풍기고
개나리는 병아리 같은 날개만 담 밑에서 팔랑인다

폭 우

강릉에서 열리는 세계 합창제에 갔다가 만난 폭우
오색으로 쏟아지는 빗줄기 소리

노다 가세 노다 가세 저 달이 지도록 노다 가세
아리랑 합창에서 솔로를 하는
폭포 속을 넘나드는 꾀꼬리, 노랑 소나기

이른 봄 제비꽃처럼
낯선 나라에서 자기 나라 민요를
보랏빛 봄비로 뿌리는
태국 시니어 합창

눈빛 푸른 대학생 목소리
넓은 하늘에 큰 꿈 펼칠 독수리 날개로
짙푸른 여름 장대비를 뿌린다

시들어가는 지구가 안쓰러워
녹색 비를 뿌리는 가을비
머리카락에 촉촉이 스며들고

로비의 뒤풀이
빨강 분홍 전통 복장과 은빛 관이 우아한
낯선 나라 학생들
어울려 합창하며 환호하는 소용돌이 폭풍우
그 속에 들어가
흠뻑
휘말려 젖은
우리들

비가 그친 뒤 우리들은
분홍 꽃으로 물들었다

색깔 다른 서로의 눈동자 속으로
나비 되어 넘나든다

봄 눈

펑펑 눈이 내린다
지난번에 못다 한 말하려고 다시 내린다

창문을 연다
하늘 향해 두 팔 올리며 가슴을 편다
얼굴 가득 쏟아져 들어온 눈이
붉은 상처를 쓰다듬어 준다

눈은 가까이 다가와 내 눈을 가만히 들여다보며
멀리 있어 주어 고맙소
잊은 듯 있어 주어 고맙소

산 밑에서 녹던 눈사람에게 옷을 껴입히며
버텨 주어 고맙소

소리 없이 지나는
시간의 발자국 소리를 듣는다

먼 산 너머
고향 앞산에서 불어오던 휘파람 같던 눈송이
돌담 위에 장독 위에 살구나무 위에
꼬부린 강아지 눈썹 위에
마루 밑 검정 고무신 속에

등 토닥이던 오빠
누이야 부르던 동생
말없이 웃어주시던 어머니 아버지

모두가 간 길
내가 또 가야 할 길에

못다 한 말 아직 남아있다는 소식 듣고
이 집 저 집 찾아다니며 귀 기울이고 있다

하늘 깊은 곳에 햇살 비쳐
흰색에 담긴 수많은 이야기를 듣는다

분홍 발자국

이월과 사월 사이에 삼월이 웅크리고 있다

우람한 이월이 입을 열었다
검고 딱딱한 껍질로 침묵하던 매화가
푸른 향기 내뿜으며 봉오리를 터뜨린다

삼월이 밤사이에 살짝 일어났다
봄비가 볼에 닿아 맑아진 매화꽃
가지 끝마다 꽃물 밀어 올리는 산수유
입술 벌리기 시작한 목련

사월은 문득 바빠졌다
온 세상 꽃들을 활짝 피울 참이다
산등성이 여기저기 진달래에 불꽃을 당기고
망울망울 머금었던 벚꽃의 푸른 꿈 하늘 향해 터뜨리고
머리 위로 머리 뒤로 바람 따라 나르는 분홍 발자국

개나리 핀 담장에서 늘어지게 하품하는 흰 고양이
느릿느릿 오가는 꽃물 든 사람들
햇볕과 움츠린 옷깃 사이로
꽃샘바람이 널을 뛴다

사월 꽃밭은 흙 속에 숨겼던 마음을 내뿜기 시작한다
튤립 백합 코스모스 메리골드 냉이 제비꽃 할미꽃 양지꽃 도라
지 더덕 달맞이꽃 매발톱꽃 작약 모란 지렁이 달팽이

아무도 못 읽는 사월이 피는 속도
아무도 못 읽는 사월이 지는 속도

송사리

냇물이 졸졸 소리 내 흐르는 곳에서 만났다

희고 검은 자갈들이 훤히
속내를 드러낸 물속
우리 종아리 사이를 떼 지어 지나간다

손가락을 오므려 송사리를 잡는 언니 얼굴에
수만 송이 해당화가 핀다

검정 고무신에 물고기 넣어 놀던 기억
몽글몽글 푸른 하늘에 꽃구름으로 피어오르고

낯선 물살의 작은 움직임에도
간지럼 태우고
재빠르게 달아나는 그림자들

흐린 가슴은 고향 남대천으로 달려가고
잿물에 빨아 넌
넓은 광목처럼 하얗게 빛난다

장군바위 아래 냇물은
밤새 굵은 목소리로 노래하고
우리들은

달빛 어린 물속으로 들어가
흔들리는 물풀 사이로 지느러미 흔들며
헤엄치는 꿈을 꾸었다

그 밤 송사리들은
속삭이는 계곡물 따라 고향으로 돌아갔다
돌 아래 틈마다
물풀들의 정다운 그곳으로

상수리 나뭇잎에 편지를

푸르른 나뭇잎에 바느질한다

낯선 새소리 들리는 상수리나무 밑에서
나뭇잎 하나 주워
가을바람으로
편지를 쓴다

친하다고 함부로 하진 않았는지
어리광 부리진 않았는지
마음을 조금 남기고 주진 않았는지

수평선처럼 멀어져 소식 없는
그이에게 사과를 보낸다

엉겅퀴꽃 그림자들이
어긋나는 우리 마음
여러 겹 구멍 난 일들을

봉숭아 꽃잎 물든
손톱으로
실 단단히 당겨
내 마음과 홈질한다

노랑나비가 파닥거리며
한 땀 한 땀 글자를 박음질하고

붉은 저녁놀 한 자락
밤새 비치는 달빛을 꼬아
계수나무를 수놓는다

맑은 숲 이슬 맺힌
이질풀꽃 부추꽃
울타리에 심어 보낸다

손 님

찬바람이 마른 가지 흔드는 날
거실 방바닥에
검정 나비 한 마리 앉아 있다

낯선 제비나비
언제 나의 코트에 앉았을까
전생에 무슨 인연 있어
나를 따라왔을까

나비체험관 콘크리트 사각 벽에 갇혀 지내다가
흔들리는 전철 빠르게 지나는 눈 덮인 산과 들
다른 세상 보고 얼마나 놀랐으면
꼼짝 않나

군자란 꽃에 올려놓아도 제라늄 꽃 위에 놓아주어도
다시 방바닥에 내려와 식탁 밑에 숨는다

은은한 음악과 꽃향기를 뿌려주고
TV 어린이 프로도 틀어준다

나비가 날개 펴며 나오는 순간을 본다
내가 태어날 때 지켜보았을 그 눈 되어
다른 생의 시작을 지켜본다
한 영혼이 가장 아름답게 변신하는 순간
지구가 한 부분을 내어주는 때이다

안고 있는 꽃다발에 나비가 날아와 앉는다

나비와 춤을 춘다
푸른 하늘 너른 유채밭
풀무치 더듬이 지나 이슬에 젖은 연두 줄기
꽃향기에 취했다가

찬바람 너울 파도 타고 넘어
끝없이 펼쳤다 오므렸다
못다 한 꿈 떨쳐내며 떨쳐내며
사흘과 닷새가 지나도록 제비나비는
날개 편 채 말이 없다
훌쩍 풀밭으로 날아간다

풍장이다

스키장

스키 타는 사람들이 슬로프에 난을 치고 있다

긴 화선지에 먹을 흠뻑 찍어 날렵하게 붓을 놀리듯
리프트 타고 흰 산을 오른다
정상에서 바라본 까마득한 아래를 향해 숨을 고르고
손목에 힘을 살짝 빼 가늘게 꼬리 치듯
유연하게 아래로 활강한다

빨강 노랑꽃들은 반짝이는 눈보라를 일으켜
선명한 붓 자국을 남긴다
적당히 무릎 굽힌 자기만의 속도로
다른 선과 적당한 거리를 두고 교차하거나
나란히 정다운 선을 그으며

빠른 속도가 주는 즐거움으로 모굴로 다시 올라
거친 바람에도 끓을 듯 유려하게 이어져 흩날리는 품새
옛 선비의 인생 역전을 보여주듯
호탕하게 기수선과 파봉선은 만나고
눈바람 타며 날아내린다

플라스틱 눈썰매에 부모와 같이 내리 달리는 아이들 웃음처럼
날아갈 듯 날렵한 연한 난초 꽃잎에 진한 수술 몇 점 찍고
해가 서산으로 넘어갈 즈음
발아엽 그려 넣어 어두의 모양으로 모이듯
가족끼리 친구끼리
빨개진 얼굴 쳐다보며 언 발을 만져주고
얼굴 맞대며 잠든

밤의 스키장은 입 꼭 다문 채 인공제설기가 무수한 선을 지운다

커다란 흰 산은
내일 다시 세 회선지에
귓가를 스치는 신선한 바람이 그리는 소용돌이
기쁨이 솟아오르는
새 그림 그리기에 들썩일 거야

홍매화

햇빛이 준 선물
잡초가 얼굴 가득 뿌리를 내렸다

잡티 제거 전쟁
먼저 IPL을 합니다
번쩍이는 화염 분사기로 불꽃 작전 시작
전쟁터는 화끈거리고 적들은 화상으로 녹아내린다

선그라스 마스크 방패도 없이 쏘다니느라
단단하게 얼굴에 눌러앉은 그늘이
불화살 직격탄을 맞는다

기미 검버섯 제거 작전
레이저를 피부 깊숙이 쏘아 적들을 태우고
동굴 깊이 숨어있는 유격대
색소 뿌리까지 꼼꼼히 색출해 낸다

찬바람을 견딘 오래된 매화나무
나무껍질 뚫고 꽃 피려 안간힘 부린다

싸한 꽃향기 날리고
매화꽃 진 자리 붉고 여린 홍매화가 피었다

산바람 새소리
호수를 가르며 뜨개질하는 오리
눈 감은 채 듣고 보고
면벽 수행해야 그 자리 상처 없이 아물겠지
산비탈 매실 푸른 살로 돋겠지

거울 속 겨울이
입술을 들썩인다
이제 곧 3월이야

거북바위

사천진에서 만난 거북 바위 둥근 테를 둘렀다

오랫동안 바람과 파도에 깎여 거북이가 된 바위
느리게 가는 세월을 깊이 품고
얼마나 많은 마음들을 안아 주었을까
밀물 썰물로 드러냈다 잠기며
침묵하고 있다

파도는 하얗게 부서지며 내 마음을 묻고
푸른 물밑에 말없이 얼굴 비췄다 감추었다 하는 모래 알갱이들

서쪽 하늘은 붉은 구름이 흩어지더니 보름달이 뜬다
이내 남색으로 변한 하늘과 바다
목이 긴 흰 새 한 마리 거북바위에 앉았다 날아간다

한결같이 너른 바위 품에서 자란 우리들
폭풍우에 지친 날개 쉬고 더 높이 나는 힘을 얻었다

조금 더 차가워진 바람이 텐트 자락을 흔든다
이제 저녁이다

말 없는 파도는 마음 밖에서 밤새 펄럭인다
세상은 인연 따라 흘러가는 것이라고
괴로운 내 마음도 허상이라고

회색 구름은 거북바위 위에 모여들고
찬바람 불자 보름달에 오색 달무리 진다

내일 아침에는 더 빛나는 태양이 거북 바위 위로 떠 오르겠지

초록 발자국

뒷산 오래된 붉은 흙구덩이
밤새 비 다녀간 후
물 가득 고인 푸른 연못이 되었다
커다란 아까시나무 푸른 하늘 흰 구름이 들어가 살고 있는

오리 한 쌍 멱 감더니 물가에서 깃을 털고
까치 한 마리 목축이다 포르르 날아가고

어미 찾는 아기 딱새
떨기나무 사이에서 손 내미는 으아리꽃
바람이 살짝 어루만지고

멀리 전주와 양평 마당에서 상자 가득 담겨 와
내 꽃밭에 발 디민 꽃들
흙투성이 알프스 민들레, 분홍 사랑초
물조리개로 씻어 내리자
나타난 지렁이 한 마리
물 맞으러 왔나
아니야, 땅속에 홍수 나서 피난 온 거야
같이 이사 온 베르가못, 쪽도리꽃 깔깔 웃는데
구경 나온 개구리 한 마리

아무 말 없이 의자에 앉아
노을을 바라보고
황톳길 맨발로 걷던 초록 발자국들
따라 걷던 나뭇잎 그림자들 하나둘 산속 집으로 돌아가고

오래 못 만났는데 어제 만난 것 같은

금방 헤어졌는데
혼자 걷는 산책길 따라오는 보름달

단풍잎 곱게 물드는 날
밤새 이야기 길 걷자는 약속

봄 나비 떼

봄비가 조용조용 내리고 있어요
말간 봉오리로 기다리던 가지마다 환한 웃음보 터진 벚꽃
빗방울 방울방울 맺혀요
가만가만 물방울 털어주는 바람

나 여기 있어요
꽃잎 한 장 눈앞으로 날아드네요
갑자기 바람 불자 온 세상에서 날아드는 나비 떼 눈송이들

꽃나무 시인들
추운 겨울을 견디며 지은 시를 온 세상에 뿌리고 있네요

일 년 내내 기다리다가 단 며칠만 열어보는 꽃길 페이지
하늘을 구름처럼 덮은 벚꽃 길
꽃잎 시 맛보며 걷는 사람들

호암미술관 주변 벚나무가 산을 뒤덮어 천국이에요
흰 산 병풍 두른 호수에 닿을 듯 넘실거리는 꽃가지
반짝이는 물에 내려와 작은 배로 흔들리네요
물고기, 오리, 수초 따라 떠다니며

이 환한 봄날은
비가 그치면 함께 떠나겠지요

기다림은 길고 기쁨은 너무 짧아요

제4부

한 울타리에 피는 꽃

몃조산 카페

몃조산 정상에 카페 열렸네요

벽난로 있는 외국풍 거실 다녀온 날
어두운 주방에 있던 하이브리드 식탁을 창가로 옮겼어요

눈앞 가득 흰 구름이 다가오다 천천히 지나가고
바다가 열리는 너른 하늘
겹쳐 보이는 푸른 산
수평선 너머 마을이 돛대처럼 보이네요

소나무 숲 아래 눈벌판
아기 고라니들이 엄마 따라 뛰어다니네요
고라니 맑은 웃음소리 놀다 간 곳에
눈가루가 안개처럼 휘날려요

등산 스틱 짚고 산 오르내리는 사람 힘찬 발걸음들을
푸릇푸릇 새들 날갯짓이 따라오네요

가을에 어떤 꽃을 피울까 궁리하고 있는 꽃밭
푸른 싹을 키우는 소국 뿌리를
눈이 이불 되어 덮고 있네요
고양이 한 마리 억새 덤불 찾아들어 낮잠을 자는

산 밑 눈이 소복이 앉아 있는 의자 세 개
아이들과 만들었을 눈사람은 며칠 지나도 몸집 그대로네요
손잡고 산책하는 부부들 이야기가 들려요

창을 열면
소나무 향기 밀물처럼 들어와 안겨요
고흐의 씨 뿌리는 사람 위로
스킨답서스 줄기 기지개 켜며 팔 뻗고
고독한 양치기 팬 플롯 음악 거실 가득 물결치면
겨울 햇살이 커피잔 가로질러 바닥에 길게 누워요

쓰던 글 이어지시 않고 납납할 때
창밖 한번 쳐다보면
가슴에 차가운 펌프 물 차올라요

새로운 친구 사귀고 새로운 것 배우면 또 다른 세계가 열리는걸
온 세상 바라보는 눈이 달라지는걸

오래전에 쓰던 나무 식탁
주방 보조하러 창고에서 나왔어요

인도네시아 맹그로브숲
사랑 찾아 날던 반딧불 숨결 들리는

마호가니 나무 하트 의자가
등 뒤에서
옛 애인처럼 은근한 미소 보내요

나 여기 있소

따스한 아침
커피 내리는 소리는
초가지붕 봄비 낙숫물 소리

너른 식탁에 나온 접시들이 달그락거려요
정다운 이들 초대하세요
흰 눈 날리는 날

러브스토리

마음을 터놓는 이들끼리 작은 영화관에 모여
다시 본 러브스토리

오랫동안 귓가에 남아있는 주제음악
눈 위에 뒹구는 사랑에 빠진 청춘들
시한부 예고 받고 가슴 아프던 날
혼자 눈을 바라보던 첫 장면과 마지막 장면

내 마음에도 쌓인 눈
문득 성에처럼 피어나고 눈물로 녹아내린다

온 가족 꽃밭 마련해 주고
하늘나라로 훨훨 날아간
다가오는 이별의 아픈 시간 밟으며 곁에서 간호하는 기쁨 주고 간

하늘에서 펑펑 내리고
소나무 위에 며칠 앉아 있다가
나무 밑으로 내려온 눈
몇 주째 온 동네를 덮고 나를 바라보고 있다

내가 두고 온 꽃밭
추운 수국 뿌리 포근히 감싸고 있다

찔 레

맨발로 뒷산을 걸었다
맨살이 숲의 속살을 맛보고 있다

입술로 조심스레 냄새 맡던 첫날
맨발에 닿는 흙길이
어머니 가슴 찔레 향기처럼 피어오르고

발바닥 여기저기 찌르는 잔돌
감자밭 콩밭 논바닥 맨발로 헤집다
히말라야의 크레바스처럼 갈라져
발간 속이 보이던 뒤꿈치

여기저기 살펴 골라 딛는다
부드러운 진흙을 즐기다
날카로운 돌조각을 밟으면 돌조각을 즐기고
비탈길을 오르는 몸을
제일 낮은 곳에서 받쳐주는

깊이를 알 수 없는 숲속으로
산새 소리와 손잡고
콧노래 울퉁불퉁한 길에 흩뿌리며 간다

누군가 쓸어 놓은 비질 흔적
오가는 흰 발들이 서로 인사를 한다
얼굴은 몰라도 모두 서로를 알아차리는 마음

호롱불 켜고 깜깜한 밤길 걷던 맨발
만질만질한 신발 속에 누우면
먼 길 갔던 여행자
오랜만에 돌아와 집밥 먹는 듯하다

벗으면 벗을수록
맛보는 진실한 맛
가족들과 소풍 가는 꿈으로 즐겁게 이어진다

모래알

강릉 바닷가에서 움켜쥐었던 모래알은
흰 파도에 뒹구는 빛나는 눈빛들

하늘을 뒤엎으며 다가오는 파도
천둥처럼 덮쳐 촤르르
몸을 끌고 들어가면
손가락으로 움켜쥐던 모래톱

예고도 없이 다가온 집채만 한 선율에 휘말려 구르고
끌고 가다 놓아준 파도에
깔깔대며 짠물 먹은 머리 흔들면
푸른 시절이 온몸에 꽃으로 피어난다

부서지는 흰 파도
씻기는 모래알들

허드슨 강가의 노을에서 지구를 반 바퀴 돌아
사천 바다 수평선에 뜨는 해

한참 그림처럼 앉았다 날아오르는 갈매기 한 마리
오래전 바위에서 떨어져 나온 검은 자갈
오랫동안 돌돌 굴러 작고 동그래졌네

모래알 하나 품고 오랫동안 쓰다듬어 키워낸 진주조개, 하얀 모래
금강경 외는 파도에 구르고 구른 삿갓조개, 흰 모래
하나의 등껍데기로 많은 이들의 마음을 보듬어 주는 전복, 노란 모래
일찍 부모 여읜 외로운 이 눈물방울이 된 술병 조각, 파란 모래

난 언제 이렇게 작고 반짝이는 빛이 될까

검은 구름에 숨었던 해가 나오자 바다는 붉게 물들고
윤슬은 길을 만들어 나를 향해 달려오고

따스해진 바닷물에 옷 입은 채 들어간다
물에 풀린 치맛자락 지느러미 되어 흔들린다

모래알로 온몸 씻고 온 바다

텅 비워진 몸이 가볍다

올드 팝송

오래 잊고 있었던 그를 만났다
그를 이리 사랑했는지도 몰랐다

해저 동굴 속에서 울려 나오는 목소리

가슴에 둥둥 북 치는 소리
둥근 목소리에 말려 구르다가
아이스크림으로 녹아내리고
복숭아 꽃잎 산산이 흩날리는 공중으로
따라가는 나비 되어 춤추고

깊은 계곡 저음으로 툭 떨어져
절절한 감정에 젖곤
하늘 높이 고음으로 치솟는 떨림
맑게 울려 퍼지는 종소리

귀에 익은 올드 팝송
하루 종일 맴도는 멜로디 바다에서
해초 사이로 지느러미 흔들며 헤엄치는 물고기

벚꽃 꽃비 속에서 기타 치며
밤하늘별처럼 수없이 노래했을 그
사랑하지 않을 수 없다고 한다

제 삶을 다 가져가도 좋다고 한다

꿀이 흐르는 노랫말은 우리를 다시 사랑에 빠지게 하고

푸르게 벙그는 매화 꽃봉오리
노란 입술 내미는 산수유 꽃봉오리
나팔꽃 마른 씨앗
녹색으로 부푼다

푸른 하늘이
분홍 봄을 당긴다

그가 멀리 떠난대요

햇살 머문 물방울 뿌려 무지개 띄우던
꽃들의 팻말이 빈 화분에 모여 긴 잠에 들었네요

움트는 수국 가지
푸름이 돋아나는 장미 줄기
흙 속에서 눈 뜨기 준비하는 파초, 백합, 도라지
물기 어린 꽃눈들이
커다란 배를 타고 떠나요
조잘대던 이야기와 꽃밭도 함께 배에 올라요
우리가 가꾸던 꽃밭을 정원사들이 새로 꾸민대요

참새 떼 포르르 앉았다 날아가는 꽃사과나무 빈 가지
돌아앉은 화단에 산그늘이 일찍 들어요
가슴에 품었던 그들을 잃고
진달래 대답 없는 산길을 헤매요

하루에도 몇 번씩 얼굴 보러 찾아가고
깜깜한 밤에도 불 켜고 살피며
동요 같이 부르던 붉은 꽈리
손톱에 반달 물들여 주고 첫사랑 기다려주던 봉숭아꽃
시린 어머니 가슴 안아주던 목화꽃
어릴 적 친구 과꽃이
멀어져 가요

아기 손등처럼 보드랍게 일군 산 밑 화단
울타리 감고 오르며 손 흔들던 찔레, 장미, 큰 으아리꽃
푸른 하늘에 물결치며 시를 쓰던 개미취꽃, 구절초 언덕

여러 잡초를 키워 올려도 좋은 아버지 냄새나는 검은 흙
오랜만에 만난 강아지처럼 배를 내밀며 뒹굴어요
간질여 주세요

이제는 만질 수 없는
가 볼 수 없는 꿈길이 되었네요
봄바람은 모른 척 측백나무 잎만 쓸고 가요

낯선 곳에서 당신을 만나도
여전히 사랑스런 눈으로 바라볼게요

별이 빛나는 밤에도 당신의 눈동자에 촉촉한 이슬 뿌려줄게요
시냇물에 흐르는 달빛 건져 당신의 품에 넣어 줄게요

새벽안개

비 개인 새벽
창문 가까이 다가오던 안개
뒷산에 오르니
먼 산을 타고 하늘로 피어오른다

아까시꽃 지고 푸른 잎만 무성한 밑동에
흰 으아리꽃 폈다
홀연히 나타난 흰나비
물방울 맺힌 성긴 잎 사이로 날아든다

파도야 너는 누구냐
바람아 너는 어디에서 왔느냐
혼자 걷는 오솔길에서 만나는
스님의 법문

절에 걸린 연등을 쓰다듬고
산 너머 건너온 바람이
하늘 가린 굴참나무잎을 흔들고
빗방울 하나 정수리에 떨어뜨린다

새들은 쉼 없이 파닥이고
굴참나무 그루터기에 난 어린줄기
발밑에 엎드린 낙엽들이

선승처럼 묵언 수행을 한다

큰 나무 사이 거미가 쳐 놓은 그물이
여러 번 이마에서 끊어지고
따스한 흙바닥이 맨발을 감싼다

나뭇가지 사이 안개 속 햇빛 서치라이트
안 보이던 것이 보인다
무수히 나는 하루살이
흔들리는 거미줄
가느다란 풀벌레 소리
포개진 솔잎 사이에 피어난 붓꽃 한 포기

개미들은 부지런히 길을 가고
어디선가 뻐꾸기 소리 들린다

아무 생각 없이
안개 걷힌 길을 내려온다

챠밍 댄스

바람 불고 추운 날
얇게 입을수록 좋은 나라로 가요

올웨이즈 리멤버
오른발 왼발 뒤꿈치로 북을 치고
위로 팔 뻗어 지나가던 구름을 잡아요
아래도 찌르면 지구 반대편 언니가 까르르 웃지요

장미 향 풍기는 현란한 강사 시범 따라
눈도 머리도 팔다리도 우리들은 바빠요
얇은 나팔바지 목 파인 상의
힙 스커트 팔랑이며
파르르 떠는 날갯짓마다
거미줄에 금구슬 은구슬 찰랑이는 소리

나비들의 군무
여기는 여름이에요

우리는 대회에 나온 댄서들
발이 틀리고 손이 안 맞아도
내가 제일 잘해
내가 제일 예뻐

돌고래 떼처럼 솟구치면
온갖 생각 파도처럼 솟았다
풍덩 바다 깊이 무지개색으로 돌아요
물거품으로 부서져요

챠밍 댄스 수업 날은
하루 종일 음악이 입속을 맴돌아요
분홍 꽃 여기저기 온몸에 피어나고
산책길 시장가는 길도 온 세상은 꽃밭이에요

호수공원 둘레길
버드나무 되어 바람 타고 흔들리다
언 호수 위를 스케이트 타요

산 그늘 쌓인 눈 햇빛에 반짝이면
푸른 하늘에 얼비치는 산수유 붉은 열매 사이로 날고
소나무 숲이 노을로 타오르면
단풍나무 갈색 잎과 팔랑이고 있을게요

만리포

갈매기 떼 날개 쉬고
저 멀리 파도가 속삭이는
너른 모래밭을 맨발로 걷는다

걸음마다 작은 모래 알갱이들
몸과 마음을
일깨우고 감싸주는 경전

가슴속에 살던 그리운 이들
수평선으로 떠나보내도
천리포 흰 꽃무릇으로 다시 피어나고

몸놀림 아름다운 그녀 따라
음악이 흐르고
저마다의 흥겨운 춤사위들
모닥불로 일렁이고

갈까 말까 갈까 말까
투 스텝 투 스텝
원 그리며 팔랑이는 치맛자락

앞으로 사뿐 뒤로 사뿐
눈웃음 앞으로 한 바퀴

둥글게 손잡고 왈츠를 춰요

꽃이 된 그녀와
가을을 지나는 맑은 바람
조각 난 회색 구름 흘려보내고
일렁이는 푸른 바다
돛 달고 항해하는 우리들

하늘 높이 치솟는
파도 물거품

거기 있고
거기 없고

봄 날

부모님 가슴에 달아드렸던 빨간 카네이션
환한 웃음 머금었던 그날들은 모두 봄날이었다

이젠 내가 가슴에 빨간 카네이션 달고
어버이날 축하 잔치
부모님처럼 정다운 분들 앞에서
빨강 파랑 노랑이 되어 노래를 한다

뜰 아래 반짝이는 햇살같이
동요는
숲속의 딱새처럼 똑똑 끊어 청아하게

산 너머 남촌에는 누가 살길래
가곡은
봄바람이 청보리 내음 실어 오듯 부드럽게

당신이 얼마나 소중한 사람인지
가요는
임영웅 창법처럼
사랑이 가슴에 스며들게

오른쪽 왼쪽 어깨 위로 손뼉 치고 노래 부르자
웃음이 저절로 나오고 몸은 활기차게 움직이고

강당 가득 모인 분들이
모두 소리 높여 함께 노래하기 시작한다

아름다운 동백에서 동백에서 살으렵니다
햇살처럼 반짝반짝

주름진 나무 굽은 줄기
윤나던 껍질 떨어지고 마른 속살만 앙상하게 남은
어미나무들

아이들처럼 소년 소녀들처럼
천진하게 웃도록
불을 지폈다
우리들이

오늘 하루
모란 작약 조팝나무꽃 이팝나무꽃
모두 봄꽃들이 되었다

해 후

1.
오랜만에 꼭 안아보는 앙상한 등
손바닥에 만져지는 뼈마디 사이로 가을바람이 지나가요

파도치는 바다 볼 때마다
함박눈 내릴 때마다
초승달로 웃던 눈

지구 반대편에서 온 그녀를 다시 만났어요
오랫동안 잊었던 봄을 신기하게 바라보는

그녀와 함께 선운사를 걸었어요
하늘 덮은 벚꽃들이 비었던 가슴을 몽글몽글 채워주네요
피어나는 동백과 떨어진 동백이 서로 쳐다보고 또 쳐다보네요

부처님 자애로운 눈길 깊고
초파일 오색등 지나는 바람이 우리의 소원을 하늘 높이 띄워
주네요

꿈결인 듯
생시인 듯

2.
고창 오색 튤립 꽃길 지나 벚꽃 터널 뚫고
구름 위를 나는 듯 백양사로 갔어요

스님이 문을 활짝 열고 공양간 바닥을 닦고 또 닦고 있네요
헤어질 마음이 만든 회색 구름이 옅어지고 있어요

나는 쌍계루 호숫가에 새잎 돋는 단풍나무
막 날아오르려는 백학봉과
정몽주의 시를 품은 쌍계루와
호수에 비치는
신비한 풍경 속에 들어가 기다릴게요

수면 가득 벚꽃잎과 일렁이다가
푸르른 녹음 되었다가 붉은 단풍으로 물들어요

맑은 물로 혼을 씻는 빛이 그리는 그림 속에서
당신의 눈동자를 담고 있을게요

테이크 미 홈 컨트리 로드

우리말을 두고 다른 나라 말을 익혀요

먼 곳 웨스트버지니아를
남의 고향 셰넌도어강을 소리쳐 부르며
기타 반주에 팝송 배우는 시간

강물 따라 출렁이며 흐르는
조각구름이 따라오는
야생화 깔린 시골길 지나면
푸른 시절이 분수처럼 솟아올라요

송년 파티 팝송 공연
징글벨, 징글벨
산타 모자에 푸른 종, 붉은 종 흔들며 율동해요

관객들은 손뼉 치며 따라 부르고
하이파이브
우리는 어린 시절로 돌아가요

쑥 향기 흐르는 모깃불
멍석 위에 나란히 누워 별 세다가 잠들고
선득선득 한기에 얼핏 잠이 깨
늑대가 노려볼 것 같은 어둠 속에 나 혼자

형제들이 곤히 잠든 안방으로 서둘러 가요

고무줄놀이로 볼 발갛게 바람 차며 놀다가
나무토막 철사 썰매로 꽁꽁 언 논바닥을 지치다
쌀 포대로 눈 비탈을 날지요

옥수수 마른 잎 누워 있는 텃밭
눈 치우고 지푸라기 마개 당기면
손에 잡히는 푸른 잎 달린 무들

키질하던 어머니 손바닥에
한 톨 한 톨 골라 담기던
하얀 쌀알
내일은 어릴 적 친구들 만나
동지 팥죽 먹어야지

뒤꼍 살얼음 덮인 자배기 속
앵두나무 품에서 날아온
새들이 조잘대는

잡 초

불쑥 화단에 올라온 풀
친구가 심어주고 간 아스타국화 자리에 불쑥 자란
넌 누구니

잎은 이조 여인 얼굴처럼 갸름하고
줄기는 벌판을 뛰어노는 벌거숭이 아이처럼 가무잡잡
오래 두어도 꽃은 안 피고

한 잎 뜯어 들고 산에 올랐다
막 자라는 떨기 나뭇잎 향기
서로 다른 상큼한 맛
이름 모르는 너와도 다르네

오늘 발견한 맨드라미
초대도 안 했는데 언제 숨어서 두 뼘만큼 키를 키웠나

뽑을까 말까 망설이던 해바라기
어느새 허리만큼 자랐다
수시로 내려오는 비와 짜고 내 눈을 속인 거였어
쪽두리꽃 두 그루 환하게 수국 옆 지키고 있는 것처럼
꽃이 지면 그 자릴 채워 줄까
해바라기 허리 잡던 손 슬그머니 힘을 뺀다

툭 툭 사방에서 떨어지는 도토리
청설모 바삐 잣나무 오르내리고

하얗게 내민 아기 버섯은
노란 빵처럼 익어가고
소나무 그늘에서 폭포처럼 내리꽂는 매미 소리

비가 오나 눈이 오나
온갖 생명
무심하게 품고 기르는 숲

높은 하늘 회색 구름 헤치고 온 바람
잡초 가리고 싶은 좁은 마음 휘리릭 날려 보낸다

산그림자 내려와 온 동네를 안고
모두 그 둥근 품에 들어간다

첫사랑

고개를 들고 하늘을 봐요
빨간 단풍나무 사이 파란 하늘

푸른 측백나무 가지에
드문드문 남은 산수국 꽃송이에
캠핑 가든 산책로에
수많은 별이 내려와
바스락거려요

호수공원에 노는 잉어 떼 지나
황화 코스모스 씨앗
주머니에 가득 넣고
멱조산으로 올라가지요

꽃에 머물던 호랑나비들이 따라와요

흰 산고양이
억새 덤불에 숨어 가만히 보고

주황으로 익어가는 노랑 잎들 속에
작은 새 이중창 들리더니
낯익은 박새 포르르 날아가고
이름 모를 새 따라가고

포근한 자리 위에 맨발로 누우니
구수한 나뭇잎 냄새

봄부터
숲속 모든 세상을
자신처럼 보듬은
갈참나무들이
맑은 눈빛으로 내려다보고

한 잎 두 잎 우르르
잎을 떨어뜨리네요
머리 위를 쓰다듬고
허리춤에 앉는 나뭇잎

온 산이
가을을 안아주고 있어요

부 활

메리골드를 말린다
거실 바닥을 딛고 향기가 날아오른다

무지개 걸린 이슬 털며 먼저 기지개 켜는 줄기
배고픈 고라니 부르는 연두 텔레파시
잎사귀 그늘 피해 햇볕으로 익힌 얼굴

비탈길 오르내리는 고단한 발목 만져주고
아담하게 흔들리며 작은 새들 쓸어주던 메리골드

가을 지나 시들은 얼굴
마음 따라 찾아온 너
투명한 컵에 넣고
뜨거운 물 부으면
기지개 켜며 날개 편다

노란 구름 피우며 다시 온전한 꽃송이로 살아난다
빛나는 눈동자에 푸른 하늘 열리고
더운 피가 돌고 두근두근 맥박이 뛰며
날아오른다

수국 뿌리 잠들어 있는 마당
피어나는 아지랑이 속으로

발자국 소리 없이
같이 걸어요
그림자 없이
같이 걸어요

하루 종일

홍 로

올해도 햇님의 선물을 받기로 했다

가지 자르고 꽃송이 솎고
무성히 자라는 풀
수없이 허리 굽혀 베어내며
좋은 것만 담아 키운다

햇님의 마음 둥글게 받아들이며
발그레 볼 붉어지기 시작하면
이리저리 나뭇잎 그늘 피해 얼굴 돌리고
은색 깔개를 깔아
바닥에 떨어진 햇살까지 얼굴로 돌려보낸다

늘 가슴 속에 가득 찬 환한 것
밖으로 나오고 싶어 꿈틀댄다
다정한 사람들과 함께 한 기억들
다른 사람들이 오래오래 기뻐할
그것들을 모아 모아
그녀는 사과 속에 시를 쓴다

햇살은 오색 서치라이트
달과 별이 다정하게 지켜주는
윤슬 찰랑이는 호수 옆 과수원

단물이 온몸 가득 붉게 달아오르면
햇님의 선물은 시에 담긴다

기쁘게 읽어 줄 마음 생각하며
맛난 시가 배달되는 어느 구월

산고양이

아파트 뒷산 입구에 원룸 두 채가 생겼다
소나무 아래 냥냥이네 뽀삐네 문패 있는 집

단풍나무 물들던 가을 후미진 정원에 텐트가 생겼다
손주들과 즐거운 캠핑을 하려나

따뜻한 침대에서 같이 자고 머리 쓰다듬어 주던 손길 잊은 지 오래
산에서 자고 먹을 것을 혼자 찾아다니는
산고양이를 위한 침실

주민의 신고로 텐트는 즉시 철거되었다

베란다 밑을 살살 기면서 몰래 고양이 먹이와 물을 주는 이
산에 가서 주세요
눈에 불을 켜고 지키는 이들

비 가리는 지붕 위에 얼기설기 나뭇가지로 위장한 두 채
산 밑, 일 년 내내 향기 뿜는 꽃밭 옆에 세워졌다

코로나가 새벽안개처럼 번지던 때
아파트를 누비는 고양이 수는 점점 늘어나고

방이 붙었다
고양이 집을 치우세요
기르고 싶으면 자기 집으로 데려 가 키우세요

주민 간에 불이 붙었다
왜 못 키우게 하느냐
꽃도 고양이도 자연이다

고양이 원룸은 다시 뒷산으로 옮겨지고
먹이 주던 이도 하나 둘 이사 갔다

산과 꽃밭에 눈이 하얗게 덮인 새벽
산 밑 옛 집터 부근에서
핼쑥한 고양이 한 마리
산책 나온 이에게 말을 건다

냐옹

카드 지갑을 만들며

고양이 본을 뜨고
두 겹 가죽이 서로 한 몸으로 붙도록 구멍을 수직으로 뚫고
양쪽에서 교대로 바늘을 찌른다

한 땀 한 땀 팽팽하게 실을 당기며
친구와 사이 좁히며
우리가 잘 걷고 있는지 살핀다
발걸음 함께 내디딜 다음 자리를 찾는다

이 지갑에 고리를 끼우면 친구가 가는 곳
어디에나 내 마음이 따라다니겠지
전철 탈 때나 버스 탈 때

오래전에 친구가 손바느질한 가방을 보내왔지
정성이 들어간 그 가방 다 해질 때까지 들고 다녔다

가방을 만들 만큼 오래 바느질하다 보면

삐뚤빼뚤 가는 길
울퉁불퉁 우리 간격

허공에 가 있는 마음을 당겨
단단하게 박음질 되겠네

祝 詩

– 어머니 같은 93세의 큰언니가 시집 출간을 축하하며 보낸 시

미루나무

김정숙

미루나무 춤춘다
나를 반기듯
위에서부터 살랑살랑

고맙다 나무야

휘늘어진 잎이 그늘 되어
시원하게
우아하게

이파리 하나 떨어진다
여름 햇살을 이겨낸 잎사귀들

바람에 휘날리며
말없이 손 흔드는 버드나무야

그 밑에 자리 잡고 앉아
뻥 뚫린 잎사귀에 사랑을 보낸다

아,
소리 내 부르고 싶다
멀리 떠나간 이들에게
그저 안녕이라고

해 설
– 삶의 원형과 회귀

이삼현 / 시인

　언어를 통한 사유와 감정 표현이 시라고 합니다. 그렇다면 감정은 언제 어떻게 표출되는 것일까요. 칠레의 시인 파블로 네루다는 "나는 내가 사랑하는 것들을 잃어버리고 싶지 않아서 시를 쓴다."라고 했습니다.
　김정희 시인의 첫 시집인 『살구나무집』에 수록된 70여 편의 시를 음미하면서 문득 바다를 떠올렸습니다. 오랫동안 물결로 일어 출렁이던 노래. 파도치던 격랑이 시가 되기까지 얼마나 많은 나를 비우고 덜어냈을까요.
　칠순에 이르러 시작한 시작(時作). 늦었지만 과감한 도전이 응축된 에너지를 발산해 마침내 정제된 소금 알갱이로 결실을 보고 독자의 감정에 뿌려지고 식성에 따라 조금은 짭짤하게 느껴지는 맛이 '살구나무집'이라 생각합니다.
　유년기의 고향 집을 비롯해 '몽돌', '반딧불', '폭우' 등 일상적이고 친근한 소재들을 시적 대상으로 삼아 그 속에서 발견한 깨달음과 감정을 진솔하게 노래합니다. 특히, 부모에 대한 그리움을 담은 '외등'과 '마중'에서는 따뜻하고 애틋한 감정이 잘 드러나며, 「눈 속을 걸었는데」와 같은 시에서는 자연 풍경을 통해 자아를 되짚는 깊이 있는 시선을 보여줍니다.
　시인이 의도한 바를 정확히 짚어낼 수는 없지만 읽는 사람에 따라 여러 가지 모습으로 드러나는 것이 시의 특성이고 매력이기에 몇 편의 시를 통해 그 행적을 유추해 보고자 합니다.

> 살구나무 꽃분홍 마당에 환하게 등불 켜지던 우리의 궁전이 있
> 었어요
>
> 뱀처럼 구부러진 원목으로 서까래 올리고 부엌문 만든 초가집
> 통나무 그대로인 내소사 요사채를 들여다볼 때마다 생각나던
>
> 볏짚 썰어 뭉친 진흙에 돌멩이 놓으며 흙담 쌓던 날
> 무거운 돌 하나하나에 담이 높아갈 때마다 봄 햇살이 들어와 안기는
> 마당
>
> 머리 하얀 외할머니 앉아 졸던
> 창호지 휘파람 부는 방문 앞에 마루를 놓아요
> 나무를 자르고 널빤지에 못 박는 소리로 그 여름이 짱짱했지요
> 대관령에서 참나무골 지나온 바람이
> 흙바닥 아닌 마루에 누워 책 보는 머리를 시원하게 쓸고 가고
> 밑에 넣어둔 신발은 비를 피했지요
> 새 마루는 마치 궁궐 정자 같았어요
>
> 나무 대문이 달리고는 더 아늑해진 마당
> 멍석에 누워 별을 세다
> 알싸한 모깃불 쑥 향에 잠들곤 했지요
> 텃밭에는 당근이 저보다 붉은 흙을 밀어 올리고
> 달큼한 그 맛, 지금도 밥상머리에 남아 향기로워요
> 초가집 둘레 가득 과일나무를 심은 아버지
> 정월 대보름 새벽에는 장대로 살구나무를 두드리며 새 쫓던 형제들
> 훠이 훠이 우리 밭에 들지 말아라
> 허리 두드리는 소리에 살구나무는 꽃 필 준비를 하지요

집 앞을 지키고 있는 참살구나무 한 그루, 개살구나무 한 그루,
분홍 꽃 피면 윙윙 벌들이 찾아와요
누렇게 살구가 익기 시작하면 우린 나무 위에서 한철을 살았지요

이사하던 날 아침
마당가 살구나무 두 그루, 허리가 부러진 채 누워있었어요
정든 살구나무집 그만 잊으라고

그 살구나무가 올봄에도 울 아파트 정원에 흰 눈꽃으로 고향 집을 짓네요
「살구나무집」 전문

  시집 제목이자 2부의 표제작인『살구나무집』은 삶의 본질과 마주하는 시인만의 특별한 장소입니다. 분명히 있었지만 없고, 사라졌지만 존재하는 '살구나무집'은 가장 순수한 자신과 만나 상처 입은 마음을 치유하는 영적인 정원입니다. '살구나무 꽃분홍 마당에 환하게 등불 켜지던 우리의 궁전이 있었어요'라는 첫 구절부터 독자의 마음을 사로잡는 이 시는 어린 시절의 따뜻한 추억과 집이라는 공간에 대한 깊은 그리움을 감각적으로 그려내고 있습니다. 시인이 경험한 '창호지 휘파람' 소리, '알싸한 모깃불 쑥 향' 같은 구체적인 이미지들은 독자에게도 그 시절의 정취를 생생하게 느끼게 해 줍니다. 특히 '허리 두드리는 소리에 살구나무는 꽃 필 준비를 하지요'라는 시적 표현은 평범한 대보름 풍습에 시인의 따뜻한 상상력을 더해 특별한 생동감을 불어넣습니다.
  이사하던 날 허리가 부러진 고통 속에서도 다시 꽃 피우는 살구나무처럼 시인은 시련을 이겨내고 더욱 견고해지려는 삶의 회복력을 보여줍니다. 이는 물리적 공간을 잃어도 그 기억과 의미

는 사라지지 않고 오히려 새로운 형태로 다시 태어난다는 것을 뜻합니다. 아버지가 지은 초가삼간, '살구나무집'에서 일곱 남매와 함께 자랐던 시인의 과거가 현재를 살아가는 힘의 원천이 되고 동시에 미래를 향해 나아갈 용기를 주는 영원한 쉼터라고 할 수 있겠습니다.

정암해변으로 와 보세요

검은 몽돌이 깔린 돌밭으로 파도가 넘쳐흐르면
바닷가는 미역과 소라와 물고기로 시끌시끌 파시가 열려요
파도가 빠르게 빠져나가면
몽돌은 물방울과 함께 구르는 맑은소리가 나지요

수많은 풍경이 울리는 소리

거센 파도를 타고 넘는 갈매기 날개 힘을 돋우고
갯메꽃 마른 모래 속으로 줄기를 뻗어 나팔 불어요

몽돌은 오래도록 파도를 굴러 마음이 동그래요
몽돌을 밟는 발바닥들도 동그래져요
아이들은 무늬 고운 달떡 같은 돌
만져보고 들여다보고 놓아주고 돌아보고

몽돌에 새겨진 바다를 읽어요
뿌연 밀물이 몰려와도 푸르게 품어주는
어두운 밤, 달과 별을 비춰 늘 아침이 오게 하고
감싸주고 품어주는 어머니 마음

우리는 몽돌밭에 앉아 파도가 피워내는 연꽃 소리를 들어요

연잎 사이로 헤엄치는 개구리 소리
배롱나무 간지럽히며 부서지는 햇살의 노래
바닷가에 누워 눈을 감아요
끊어졌다 이어지는 천둥 같은 풍경 소리
마음은 조각조각 부서져 파도를 타고가요
점점 가벼워져요
크고 작은 몽돌은 뜬눈으로 잠을 자요
「몽돌 풍경」 전문

「몽돌 풍경」은 강원도 정암해변의 풍경을 통해 자연과의 교감, 그리고 삶의 성찰을 서정적으로 풀어낸 시입니다. 이 시에서 핵심적인 존재인 '몽돌'은 단순히 바닷가에 있는 돌멩이가 아니라 끊임없이 성장하고 변화하는 생명체처럼 그려집니다.

처음에는 거칠고 모난 돌이었겠지만 오랜 시간 동안 거센 파도에 깎이고 다듬어지며 마침내 둥근 마음을 갖게 됩니다. 이는 마치 우리가 삶의 고통과 시련을 겪으면서 점차 모서리가 무더지고 내적으로 성숙해지는 과정과 같습니다. 시인이 '몽돌을 밟는 발바닥들도 동그래져요'라고 표현한 것은 몽돌과의 진정한 교감을 통해 내면의 상처가 치유되고 자신 또한 성숙해졌음을 감각적으로 전달하고 있습니다.

결론적으로 '몽돌 풍경'은 자연의 순리 속에서 자신의 내면을 깊이 돌아보고 삶의 고통을 견디며 살아가는 힘과 치유의 가치를 발견하는 과정을 아름답게 그려낸 작품입니다.

그녀는 노래하는 산새 수행자
새벽 산에 오르면 그 목소리를 들을 수 있다
저마다의 숲에서 수행을 하던

전국의 부처가
법주사에 모두 모였다

팔색조들은 다양한 꼬리를 끄덕이며
무리 지어 발성 연습을 한다

모두 연꽃으로 싱글벙글 웃고

풍경을 흔들고 온 바람은
은행잎 노란 악보를 뒤적이고
걸음을 멈춘 산새들
오색 병풍 두른 거대한 부처의 얼굴을 한없이 우러러본다

가을보다 깊어진 부처님 눈길
산새들이 산사를 무대로 합창을 한다
아리랑과 어렸을 적 부르던 동요들
구경 온 새 떼들이 함께 노래하며
참선에 들고

그 소리는
석등을 받치고 있는 한 쌍의 사자 입과 가슴에 스며들고
목어와 운판을 흔들어
깨운다

가만 굽어보시며 짓는 부처님 미소에
산새들의 날갯짓 소리
산사에 가득하다
「산새 수행자」 전문

「산새 수행자」는 시인이 자연, 의례, 공동체가 한데 어우러지는 순간을 소리를 통해 포착한 작품입니다. 시인은 이 시를 통해 수행의 본질이 무거운 고행이 아니라 산새처럼 가볍고 자유롭게 마음을 비우고 자연과 하나 되는 것임을 아름답게 그려냈습니다.

이 시에서 수행자들의 목소리는 단순한 소리가 아니라 사물과 상징을 깨우는 생명력을 가졌습니다. 그 목소리의 울림은 부처의 미소처럼 평화롭고 자비로운 공명으로 이어집니다. 그래서 이 시의 진정한 아름다움은 화려한 기교가 아니라 깊은 내면에서 우러나오는 평정의 무게에 있습니다.

수행자들이 함께 부르는 '아리랑'과 '동요' 합창은 매우 중요한 의미를 지닙니다. 이들은 세상의 번뇌와 아픔(아리랑)을 극복하고 순수한 마음(동요)으로 돌아가려는 노력을 보여줍니다. 이들의 노랫소리가 '목어와 운판을 깨운다.'라는 표현은, 수행자들의 깨달음이 개인적인 단편에 머무는 것이 아니라 세상을 향해 큰 울림을 전하고 다른 존재들까지 일깨우는 강력한 힘을 가졌음을 보여줍니다. 결국 이 시는 자연과 하나 되어 진정한 자유를 얻는 수행의 길을 서정적으로 보여주고 있습니다.

    열무 얼갈이김치는 한가로이 익어가고
    거품 퐁 퐁
    올라오는 소리
    가둔지펜션에서 바닷바람 품은 솔향으로 자란 고추
    천안 새벽이슬에 비친 노루 눈망울 보며 익은 마늘
    제천 과수원에서 갓 깨어난 병아리 소리가 기른 사과
    잘게 갈아져 서로 지극한 마음들을 섞는다

    여린 열무와 얼갈이를 서로 간섭하지 않을 만큼씩 잘라

연한 소금물에 푹 담가 자기가 최고인 줄 아는 성미를 조금 죽이고
소금과 한 몸 되어 곰삭은 동굴 멸치액젓은 아주 조금만
여럿이 둘러앉아 웃음으로 옷을 벗겨 찧은 마늘은 듬뿍
밀가루 휘휘 저은 풀물은 팔팔 끓는 물에 휘파람 몇 번 불도록 두었다가 찬물에 담가 화를 식히고

여러 번 맛보며 간을 맞춘 양념은
창밖에서 들어온 산바람과 어울려
연한 얼갈이배추와 열무 사이를 오르내리며

서로 안기고
서로 돌봐주며
익어가지요

열린 마음으로 나와 다른 생각을 가진 이들을 품고
순박하게
붉으나 투명하게
시원하나 온화하게
아삭하나 오래 가슴속에 머무는

손이 안 닿는 어두운 항아리에 얼굴을 넣고 칼로 콕 찍어야 나오는
목을 젖히고 베어 먹던 살얼음 낀 온새미로 총각김치
어머니 손맛처럼
김치는 한가로이 익어가고
「한가로이 김치는 익어가고」 전문

  이 시는 열무 얼갈이김치를 담그는 과정을 통해 자신의 고집을 버리고 다른 존재와 조화롭게 어울려 익어가는 인간관계의 따뜻한 지혜를 한가롭게 그려내고 있습니다. 시인은 김치 재료 하나하나

에 특별한 의미를 부여하고 그 재료가 단순히 물질이 아닌 자연의 생명력과 교감하며 자라난 소중한 존재임을 강조합니다. 이렇게 탄생한 재료들이 '서로 지극한 마음들을 섞는다.'라는 표현은 서로 다른 존재들이 모여 조화를 이루는 모습을 보여줍니다.

오랜 교직 생활 중 강릉에서 삼척으로 그리고 경기도 연천으로 순환 근무를 하면서 말씨와 특색과 성미가 각기 다른 지역의 초등학생들을 가르친 시인의 경험이 김치 담그는 과정에 녹아 있습니다.

'가둔지펜션에서 바닷바람 품은 솔향으로 자란 고추 / 천안 새벽이슬에 비친 노루 눈망울 보며 익은 마늘 / 제천 과수원에서 갓 깨어난 병아리 소리가 기른 사과'로 표현하고

김치 재료와 그것들을 서로 어울리게 버무리는 과정은
'여린 열무와 얼갈이를 서로 간섭하지 않을 만큼씩 잘라 / 연한 소금물에 푹 담가 자기가 최고인 줄 아는 성미를 조금 죽이고 / 소금과 한 몸 되어 곰삭은 동굴 멸치액젓은 아주 조금만 / 여럿이 둘러앉아 웃음으로 옷을 벗겨 찧은 마늘은 듬뿍 / 밀가루 휘휘 저은 풀물은 팔팔 끓는 물에 휘파람 몇 번 불도록 두었다가 찬물에 담가 화를 식히고'로 표현한 것은

가르치고 길러 숙성되어 가는 과정에서 보람을 느끼는 선생님의 모습이 절묘하게 겹쳐 보입니다.

　　나들이에 입히려고 밤새 풀 먹여 다듬이질한 모시 적삼
　　하얀 꽃잎
　　나도 그 꽃잎에 들어가 다듬이질해요

　　세상은 다듬이질 소리로 가득해요
　　꾸룩꾸룩 어미 품 찾는 딱새 소리
　　쌔근쌔근 엄마 젖가슴 잡고 어스름 늦잠에 든 아기 숨소리

스르륵스르륵 하늘에 펼쳐진 모시 치맛자락 흔드는 달빛 소리
흔들리는 나무 그림자가 엉겅퀴 잎에 서걱서걱 스치는 소리

웅덩이에 모여 합창하는 개구리
부추꽃에 앉아 밤새 베 짜는 베짱이

외할머니와 아버지 학 날개 같은 모시옷 차려입고 건너가는 단오 터
돌다리 개울물 소리

해마다 열리는 강릉단오제
강릉 시민의 안녕과 풍요를 축원하는 단오굿 소리
할머니 발걸음 바빠지고
엿장수의 품바타령에 어깨춤 절로 나요

뱀 장수의 걸찐 만담 쏟아지는 웃음소리
농악놀이패 퉁소 소리 북소리 꽹과리 소리
상모 돌아가며 온 동네가 들썩들썩

남대천 자갈밭에서
달리기하는 우리들 발자국 소리
「백합 향기 2」 전문

 이 시는 '다듬이질 소리'라는 정성스러운 행위에서 출발해 개인의 소중한 기억을 공동체의 삶과 엮어 하나의 거대한 교향곡처럼 풀어낸 작품입니다. 다듬이질은 밤늦도록 가족을 위해 정성을 쏟았던 어머니들의 노동이자 삶의 고단함과 사랑이 담긴 리듬이었습니다. 시인은 이 다듬이질 소리가 어떻게 삶의 희로애락을 담아내고 더 나아가 세상과의 조화로 확장되는지를 아름답게 그려

내고 있습니다.

특히 '밤새 풀 먹여 다듬이질한 모시 적삼'과 '하얀 꽃잎'을 겹쳐놓은 부분은 정성스럽게 다듬은 옷이 지닌 순수하고 깨끗한 이미지를 강조합니다. 이는 다듬이질을 통해 삶의 번뇌를 정화하고 깨끗한 마음으로 세상과 소통하고자 하는 시인의 바람을 나타냅니다. '나도 그 꽃잎에 들어가 다듬이질해요'라는 고백은 시인이 그 순수함의 일부가 되어 세상과 하나 되고 싶은 깊은 열망을 보여줍니다.

이처럼 이 시는 개인의 소중한 기억이 담긴 다듬이질 소리를 통해 가족, 자연, 그리고 '강릉단오제'와 같은 공동체의 삶을 아우르며 모든 것이 조화롭게 어우러지는 아름다운 세계를 섬세하게 보여주고 있습니다.

호수 공원에 눈바람 몰아치는 높은 산이 생겼다
모퉁이를 돌 때마다 눈꽃 나무들
그 투명한 나라에 들어섰다

칼바람은 모자 속을 파고들어 세차게 귀를 때리고
날리는 목도리 묶고 묶어도 벗기려 한다
눈바람은 앞을 가리고 길을 지우고
발밑은 허공이다
이 높은 산에 나 혼자 남겨져 헤어날 수 없을 것 같다
아무도 밟지 않은 맑은 눈 위를
나만의 색깔
나만의 곡선 만들며 걸어간다
뽀드득뽀드득
발자국 소리 들으며
앞으로 간다

뒤돌아보지 않는다
산책길 의자 회양목 수양버드나무
너른 호수를 덮은 눈
재두루미 오리 잉어들이 보이질 않는다
호수 산책로를 달리던 젊은이도
운동기구 돌리던 노인들도 없다
아침마다 크게 지저귀던 직박구리
각자 다른 나뭇가지에서 몸을 턴다

눈은
나를 지나가고
나를 가득 채우고
눈썹 위에
어깨 위에
가볍지도 무겁지도 않게 올라앉아
그냥
같이 걷는다

따뜻한 현관에 들어왔는데
눈은 벌써 가고 없다

젖지도 않았다
생각도 없다

나에게로 온 것이 없다
나에게서 간 것도 없다
나를 비추었던 거울만 있었을까
「눈 속을 걸었는데」 전문

'호수 공원'이 '높은 산'으로 갑작스럽게 변하는 장면은 현대인이 겪는 시련과 고독을 상징적으로 보여줍니다. 익숙하고 편안했던 공간이 '칼바람'이 부는 낯선 곳으로 느껴지는 것은 도시 속에서 수많은 사람들과 함께 있지만 결국은 홀로 남겨진 듯한 고립감을 겪는 현대인의 정서를 섬세하게 표현한 것입니다. '재두루미, 오리, 잉어'와 같은 자연물이나 '젊은이', '노인들'이 보이지 않는 것은 사회적 관계가 단절된 익명성의 현실을 은유적으로 나타냅니다.

시인은 '가도 가도 헤어날 수 없을 것 같다.'라는 절망적인 상황 속에서도 '아무도 밟지 않은 맑은 눈 위'를 '나만의 색깔 나만의 곡선'으로 걸어가는 능동적인 선택을 합니다. 이 고요한 길에서 눈은 더 이상 시련을 주는 존재가 아니라 가볍게 어깨 위에 앉아 함께 걸어가는 따뜻한 동반자가 됩니다.

집으로 돌아와 따뜻한 현관에 들어서는 순간 눈은 흔적 없이 사라집니다. 젖지도, 남지도 않고 오직 눈과 함께 걸었던 순간, 그리고 그 순간 속에서 발견한 자기 자신만이 남습니다. 이 시는 겉으로는 활기차게 웃고 말하지만, 내면의 고독 속으로 돌아와 자신을 바라보는 삶의 무상함을 아름답고 섬세하게 그려낸 작품입니다. 이러한 표현 방식은 시인이 삶의 깊은 이치를 깨달은 나름의 경지에 이르렀음을 보여줍니다.

    냇물이 졸졸 소리 내 흐르는 곳에서 만났다

    희고 검은 자갈들이 훤히
    속내를 드러낸 물속
    우리 종아리 사이를 떼 지어 지나간다

    손가락을 오므려 송사리를 잡는 언니 얼굴에

수만 송이 해당화가 핀다

　　검정 고무신에 물고기 넣어 놀던 기억
　　몽글몽글 푸른 하늘에 꽃구름으로 피어오르고

　　낯선 물살의 작은 움직임에도
　　간지럼 태우고
　　재빠르게 달아나는 그림자들

　　흐린 가슴은 고향 남대천으로 달려가고
　　잿물에 빨아 넌
　　넓은 광목처럼 하얗게 빛난다

　　장군바위 아래 냇물은
　　밤새 굵은 목소리로 노래하고
　　우리들은
　　달빛 어린 물속으로 들어가
　　흔들리는 물풀 사이로 지느러미 흔들며
　　헤엄치는 꿈을 꾸었다

　　그 밤 송사리들은
　　속삭이는 계곡물 따라 고향으로 돌아갔다
　　돌 아래 틈마다
　　물풀들의 정다운 그곳으로
　　「송사리」 전문

　이 시는 고향 남대천에서 어린 시절 송사리와 함께 놀았던 순수하고 자유로운 기억을 담고 있습니다. 시인은 졸졸 흐르는 냇물, 속이 훤히 보이는 자갈, 달빛과 물풀 사이에서 헤엄치는 송사리 떼의 모습을 통해 자연과 하나 되어 느꼈던 생명력과 순수함을 생생하게 보여줍니다. 검정 고무신에 물고기를 담아 놀던 장난스러운 순간 언니의 얼굴에 피었던 해당화, 그리고 빨아 널은 광목처럼 하얗게 빛나던 남대천의 풍경이 마치 어제 일처럼 눈앞에 훤히 그려집니다.

세월이 졸졸 흐르고 흘러 그윽해지면 이제 지워질 법도 한데 더 또렷해지는 것이 어린 시절 고향의 풍경이라는 아이러니입니다. 어제의 기억처럼 생생하게 재현한 고향의 품 안에서 어린 시절을 함께 체험한 언니, 엄마보다 더 나이 든 엄마 같은 그 언니와 느낀 소박한 감정을 아름답게 그려냈습니다.

마지막 부분에서 송사리들이 다시 돌아오는 모습은 삶의 모든 경험과 기억이 결국 고향이라는 근원으로 회귀하는 순환을 상징합니다. 이 시는 단순히 추억을 회상하는 것을 넘어 순수한 감각과 고향의 정서를 아름답게 노래하며 삶의 근원을 찾아가는 따뜻한 여정을 보여주고 있습니다.

맨발로 뒷산을 걸었다
맨살이 숲의 속살을 맛보고 있다

입술로 조심스레 냄새 맡던 첫날
맨발에 닿는 흙길이
어머니 가슴 찔레 향기처럼 피어오르고
발바닥 여기저기 찌르는 잔돌
감자밭 콩밭 논바닥 맨발로 헤집다
히말라야의 크레바스처럼 갈라져
발간 속이 보이던 뒤꿈치

여기저기 살펴 골라 딛는다
부드러운 진흙을 즐기다
날카로운 돌조각을 밟으면 돌조각을 즐기고
비탈길을 오르는 몸을
제일 낮은 곳에서 받쳐주는
깊이를 알 수 없는 숲속으로
산새 소리와 손잡고
콧노래 울퉁불퉁한 길에 흩뿌리며 간다
누군가 쓸어 놓은 비질 흔적
오가는 흰 발들이 서로 인사를 한다
얼굴은 몰라도 모두 서로를 알아차리는 마음

호롱불 켜고 깜깜한 밤길 걷던 맨발
만질만질한 신발 속에 누우면
먼 길 갔던 여행자
오랜만에 돌아와 집밥 먹는 듯하다

벗으면 벗을수록
맛보는 진실한 맛
가족들과 소풍 가는 꿈으로 즐겁게 이어진다
「찔레」 전문

  이 시는 맨발로 숲길을 걷는 경험을 통해 자연과 온전히 교감하고 삶의 진실을 깨닫는 과정을 감각적으로 그려낸 작품입니다. 발바닥에 닿는 흙과 돌의 감촉, 산새 소리, 찔레꽃 향기 같은 구체적인 이미지는 시인이 고통 속에서도 삶의 아름다움과 가족, 고향의 따스함을 느끼는 순간을 생생하게 전달합니다.
  특히, '만질만질한 신발 속에 누우면'이라는 표현은 맨발이 낮선 여행 끝에 안식처를 찾은 '여행자'처럼 편안함을 얻는 모습을 보여줍니다. 이는 물질적인 소유(신발)에 기대는 것이 아니라 꾸밈없는 마음(맨발)으로 삶을 마주할 때 비로소 진정한 행복과 평화를 얻는다는 깊은 깨달음을 담고 있습니다.

'벗으면 벗을수록 맛보는 진실한 맛'이라는 표현 또한 오랫동안 아이들과 함께한 교직 생활을 통해 몸에 밴 순수가 생활 속으로 이어져 진정한 행복을 발견하는 과정을 이야기하는 듯합니다. 이 시는 자연과의 교감을 통해 삶의 본질을 깨닫는 아름다운 여정을 보여줍니다.

갈매기 떼 날개 쉬고
저 멀리 파도가 속삭이는
너른 모래밭을 맨발로 걷는다

걸음마다 작은 모래 알갱이들
몸과 마음을
일깨우고 감싸주는 경전

가슴속에 살던 그리운 이들
수평선으로 떠나보내도
천리포 흰 꽃무릇으로 다시 피어나고

몸놀림 아름다운 그녀 따라
음악이 흐르고
저마다의 흥겨운 춤사위들
모닥불로 일렁이고

갈까 말까 갈까 말까

투스텝 투스텝
　　원 그리며 팔랑이는 치맛자락

　　앞으로 사뿐 뒤로 사뿐
　　눈웃음 앞으로 한 바퀴
　　둥글게 손잡고 왈츠를 춰요

　　꽃이 된 그녀와
　　가을을 지나는 맑은 바람
　　조각 난 회색 구름 흘려보내고
　　일렁이는 푸른 바다
　　돛 달고 항해하는 우리들

　　하늘 높이 치솟는
　　파도 물거품

　　거기 있고
　　거기 없고
　　「만리포」 전문

　이 시는 '만리포' 해변을 맨발로 걷는 경험을 왈츠를 추는 모습에 비유하여 표현한 작품입니다. 맨발로 모래사장을 걸을 때 발에 닿는 모래알이 마치 왈츠의 스텝처럼 리듬에 맞게 시인의 감각을 생생하게 이끌어줍니다.
　시인은 이렇게 걷는 것을 '그녀와 함께하는 춤'으로 확장시킵니다. 이는 단순한 걷기가 아니라 자연과 인간, 그리고 그 순간의 감정과 기억이 하나로 어우러지는 조화로운 경험을 의미합니다. 왈츠를 추듯 자유롭고 즐겁게 해변을 거닐며 시인은 자연과 온전히 교감하는 기쁨을 느낍니다.

하지만 시의 마지막 부분인 '거기 있고 / 거기 없고'라는 표현은 깊은 생각을 하게 만듭니다. 왈츠를 추는 듯했던 아름답고 즐거운 순간은 분명히 '거기 있었지만', 그 경험은 영원하지 않고 순식간에 사라지는 덧없는 것임을 보여줍니다. 이는 자연과의 교감을 통해 얻는 생생한 기쁨 속에서도 삶의 모든 것은 언젠가 사라지는 '무상함'을 깨닫게 되는 시인의 깊은 성찰을 담고 있는 것입니다. 이 시는 아름다운 이미지로 시작해 존재의 덧없음을 깨닫는 철학적 울림으로 마무리되는 독특한 매력을 지니고 있습니다.

올해도 햇님의 선물을 받기로 했다

가지 자르고 꽃송이 솎고
무성히 자라는 풀
수없이 허리 굽혀 베어내며
좋은 것만 담아 키운다
햇님의 마음 둥글게 받아들이며
발그레 볼 붉어지기 시작하면
이리저리 나뭇잎 그늘 피해 얼굴 돌리고
은색 깔개를 깔아
바닥에 떨어진 햇살까지 얼굴로 돌려보낸다
늘 가슴 속에 가득 찬 환한 것
밖으로 나오고 싶어 꿈틀댄다
다정한 사람들과 함께 한 기억들
다른 사람들이 오래오래 기뻐할
그것들을 모아 모아
그녀는 사과 속에 시를 쓴다

햇살은 오색 서치라이트
달과 별이 다정하게 지켜주는
윤슬 찰랑이는 호수 옆 과수원

단물이 온몸 가득 붉게 달아오르면
햇님의 선물은 시에 담긴다
기쁘게 읽어 줄 마음 생각하며
맛난 시가 배달되는 어느 구월
「홍로」 전문

붉은 사과를 가꾸는 과수원 풍경과 노동의 섬세한 과정을 통해 시인은 자신의 시를 시집으로 엮어 벗들에게 나눠 주고 싶은 소망을 담아냈습니다. 가지를 자르고 꽃송이를 솎으며 햇살을 온몸으로 받아 사과를 키우는 과정은 단순한 농사 행위가 아니라 창작의 정성과 사랑을 상징하며, 완성된 사과 속에 시를 담는다는 표현은 시집에 자신의 마음과 정성을 담아 전하려는 의지를 상징적으로 보여줍니다.

햇살과 은색 깔개, 오색 서치라이트, 달과 별이 지켜보는 호수 등 감각적이고 생생한 자연 묘사는 이 시집을 통해 전달하고 싶은 기쁨과 아름다움, 그리고 벗들에게 전할 행복한 순간들을 표현하려는 은유입니다. 사과가 단물이 오르며 붉게 달아오르는 모습은 시인이 느끼는 성취와 나눔의 즐거움을 상징하며 시집을 읽고 기뻐할 벗들을 떠올리는 마음과 연결됩니다.

결국 「홍로」는 과수원에서의 세심한 노동을 자연과의 교감으로 하나로 묶어 나누고 싶은 소망을 담은 시라 할 수 있겠습니다.

마지막으로, 이 시집은 과거와 현재, 그리고 미래를 잇는 시간의 흐름을 유기적으로 연결해 내고 있습니다. '팔월이 손톱 위를 지나고'에서 봉숭아 물이 하얀 반달에 밀려나는 모습처럼 시간이 흘러도 지워지지 않는 고향의 기억을 그려냅니다.

'봄 눈'에서는 '지난번에 못다 한 말하려고 다시 내린다.'라는 표현으로 반복되는 자연의 순환 속에서 과거의 아쉬움을 달래고 화해하려는 마음을 보여줍니다.

결국 살구나무집은 시간의 시집이라고 할 수 있겠습니다. 어린 시절의 기억에서 현재의 체험, 그리고 세월이 남긴 성찰에 이르기까지 한 생애의 소중한 순간들을 아름다운 구슬로 꿰어낸 듯합니다. 아울러 이 시집을 읽는 독자들에게는 살구꽃 활짝 핀 그늘에 잠시 쉬어 가는 것처럼 짧은 듯 긴 여운을 남겨줍니다.